Eine erlebte Geschichte ...

Zum Buch:

Ein Haus der Männerpsychiatrie in Bethel, 1971. Ein Arzt ist noch für ca. 120 Patienten zuständig; ohne Hilfe von Psychologen oder Sozialarbeitern. Große Schlafsäle mit Türen und Fenstern, die nur mit einem „Drücker" zu öffnen sind.

An einem *zuerst* scheinbar »gewöhnlichen Tag« wird der vierzehnjährige Schüler Tomas Graben eingeliefert. – Was erlebt er hier?

„Das Buch passt so sehr gut zur aktuellen Diskussion um die Aufarbeitung der Menschenrechtsverletzungen in den Kinderheimen in den drei Jahrzehnten nach Ende des zweiten Weltkriegs." Aus der Rezession von Peter Lehmann

„Sie tauchen mich in ein heftiges Wechselbad aus Wut, Bestürzung und große Empathie." Mail von Frau Dr. Petra Fohrmann

„Der Anfang der Erzählung, in dem der Junge Tomas ganz plötzlich aus allen vertrauten Bezügen wie Schule und Elternhaus herausgerissen wird, und ohne zu wissen warum, in eine unmenschliche, unaufhaltsame Maschinerie der Psychiatrie gerät, erinnert in seiner Eindringlichkeit und Fatalität an die Tragik des Protagonisten im Prozess von Franz Kafka. [...] Ich halte dieses Buch erzählerisch, ebenso wie von der Thematik her, für ein sehr gelungenes Buch, für ein wichtiges sehr eindringliches und mahnendes Zeitdokument und hoffe, das viele interessierte Leser findet." Aus der Rezession von Thomas Hecht

„Mit seiner sensiblen, bildreichen Sprache gelingt es dem Autor, die Gefühlswelt dieses Jungen darzustellen, der plötzlich aus seinem Alltag herausgerissen sich in einer totalen Institution befindet, die nichts weiter zulässt, als ihn zu einem unmündigen, abhängigen Patienten zu machen." Leser-Rezession von K. Winter

Betheljugend

Mehrbett- oder Einzelzimmer?

von

Thomas Wiefelhaus

„romanhafte Biographie"

BoD
Books on Demand

Was folgt, ist keineswegs frei erfunden, wird aber hauptsächlich aus der Sicht und Wahrnehmung eines ehemaligen jungen Patienten erzählt.

Alle Personennamen und der Name der Klinik wurden verändert.

Es gab zwar in Eckartsheim, einer Teilanstalt Bethels, tatsächlich eine Einrichtung (ursprünglich für Patienten dritter Klasse) namens „Jericho".

(Das Haus wurde 1969 abgerissen und wieder neu gebaut.) Aber alle hier erzählten Begebenheiten spielten sich *keinesfalls* dort ab.

Die „Aktennotizen" entsprechen einem Gedächtnis-Protokoll der tatsächlichen Akte. Der „Lageplan" der Betten wurde aus dem Gedächtnis erstellt und geringfügig geändert.

Das Foto eines Schlafsaals auf dem Cover zeigt einen ähnlichen Saal; mit Genehmigung der Historischen Sammlung in Bethel.

2. Auflage Copyright©2019 Alle Rechte vorbehalten. – Das Werk darf, auch in Auszügen, nur mit Genehmigung des Autoren wiedergegeben werden.

„Gefühlte Rechtschreibung"

Herstellung u. Verlag: BoD- Books on Demand, Norderstedt

Layout + Covergestaltung: Thomas Wiefelhaus

Zeichnung auf dem Cover von „Tomas" mit dem Titel: *TRAUMA*

Printed in Germany.

Dieses Buch wurde im On-Demand-Verfahren hergestellt.

ISBN-13: 9 783746 044385

Schöne Worte sind nicht wahr

Wahre Worte sind nicht schön

Chinesische Weisheit

Lageplan: „Mehrbettzimmer"

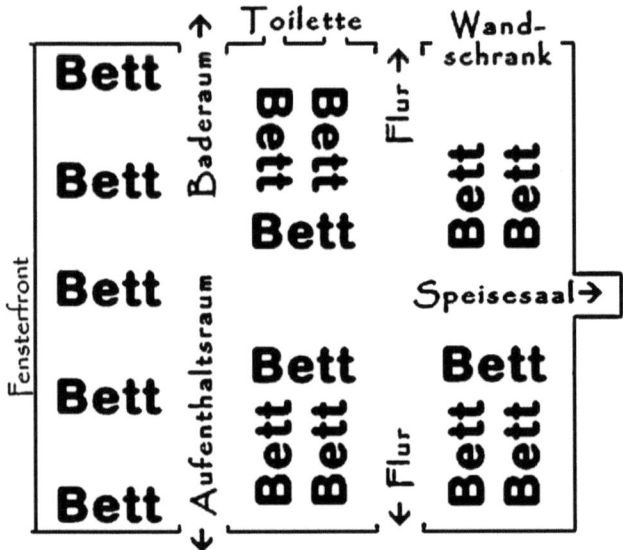

Beiläufiger Prolog, der die Leser nur verwirrt ...

Dies ist eine *erlebte* Geschichte, die, wenn sie im Ganzen erzählt werden soll, mehrmals endet: Mit einem *vorläufigen* Ende, einem *melancholischen* Ende und letztlich dann mit einem *Happy*end.

Und die Geschichte hat im Grunde auch drei Anfänge: Einen *ersten* Anfang, einen *zweiten* Anfang und einen *neuen* Anfang.

Hm! – Womit soll diese Geschichte am besten beginnen?

Prolog: Die Thesenzettel

Der erwachsene Tomas schlendert auf dem Bethelplatz umher und schaut sich um. Er war länger nicht mehr hier. Manches ist neu, aber vieles hat sich, auch seit damals, kaum verändert. Um seine Vergangenheit aufzuarbeiten, möchte er sich am späten Nachmittag zur gemeinsamen Akteneinsicht mit einer Therapeutin treffen, aber bis zum Termin bleibt etwas Zeit. Nanu? – Nahe dem Eingang ins Assapheum steht eine übergroße Tür aus rohen Brettern?

Es ist die Aktion einer christlichen Jugendgruppe, erfährt Tomas beim Nachfragen. In Gedenken an Martin Luther, der ja am Reformationstag – also am 31. Oktober 1517 in Wittenberg – seine 95 Thesen an eine Tür geschlagen hat, sollen Thesen gesammelt werden, wie die christliche Religion und die Kirche zu erneuern, zu verbessern seien.

„Wenn Sie möchten, können Sie auch eine These aufschreiben, und gleich hier an unsere Tür nageln!"

Tomas überlegt: Welche These will er jetzt auf seinen kleinen, weißen Zettel schreiben? Welche ist *ihm* besonders wichtig? Verschiedene Sätze kreisen in seinen Gedanken. Er entscheidet sich für: *Kinder sollen nicht zum Glauben gezwungen werden!*

„Eine sehr gute These!" findet der junge Mann, als Tomas ihm den Zettel zeigt. „Die können Sie gleich an unsere Tür schlagen!" Er reicht Tomas Hammer und Nagel. „Ein Foto mit allen angeschlagenen Thesen soll später einmal im Internet veröffentlicht werden, unter der Adresse: **www.heute-schon-ge[usw.].de!"** *

....

* Diese *harmlose* Website existiert *leider* nicht mehr. Trotzdem übernehmen Autor und Verlag keine Haftung für etwaige Inhalte!

„Hm!" macht Tomas. „Unter solch einer Adresse würde ich mir – normalerweise – was völlig *anderes* vorstellen!" Und eine dabeistehende Studentin, sie ist großgewachsen und mollig, kichert unbeschwert.

Jetzt möchte Tomas die am besten passende Stelle heraussuchen, um seine These richtig zu platzieren, auch deshalb überliest er noch mal schnell die anderen Thesenzettel auf der Tür.

Das Gewicht des schweren Hammers in der Hand fühlt sich gut an. Peng! Peng! Peng! Mit schwungvollen Schlägen treibt Tomas den langen, dicken Nagel bis zum Grund ins weiche Holz. Er hämmert nach. Fest … fester … ganz fest, und selbst den Nagelkopf noch ins Holz rein! Nie wieder heraus! Er tritt einen Schritt zurück: Nun steht seine These ‚Kinder nicht zum Glauben zwingen' genau neben einer zweiten, welche mehr Glauben in der Kirche fordert! Prima! Auf dieser Tür herrscht Meinungsvielfalt, und zudem müssen die beiden Thesen ja nicht unbedingt im Widerspruch zu- und miteinander stehen! Na also!

Der Nagel hat das Holz durchdrungen, auf der Rückseite schaut ein nicht eben kurzes Stück der Spitze hervor: Solch eine Gefahrenquelle möchte der junge Mann nicht dulden. Er schlägt die Nagelspitze zurück ins Holz und erklärt dabei, das Verletzungsrisiko sei sonst viel zu groß.

Nun ist zwar von der drohenden Nagelspitze nichts mehr zu sehen, aber dafür ragt, zur Gegenseite, der Nagelkopf mit Tomas kleinem Zettel heraus. Dies zerstört Tomas die himmlische Illusion, seine aufgeschriebene These sei für alle Zeiten dort festgenagelt. Lieber hätte er die Spitze seines Nagels ganz fest umgeschlagen. Aber man sollte es ja nicht gleich auf die Spitze treiben!

Teil 1

„Das Einzelzimmer"

Redende Steine

Wenn die uralten Steine von Jericho
reden könnten
... die einst aus der Mauer gefallen waren!
Von toten Männern,
in großen Scharen.
Von toten Frauen,
und ihren Kindern,
– auch an der Brust.
Dann würde man ...
keine Schalmeien mehr blasen.
Oder auch gerade ...
... hätte man Lust.

(Vom Autor)

Der zweite Anfang

Nein! Die Mutter hatte ihm davon *nichts* gesagt. Sie hatte weder eine Andeutung gemacht, noch eine einzige unbedachte Frage gestellt, da sie wusste, dass ihr Junge nie und nimmer einverstanden gewesen wäre. Für *ihn* begann an diesem Morgen: *ein Tag wie jeder andere.*

So stand er auf, wie meistens erst in buchstäblich letzter Minute, zog sich an, stopfte sich rasch etwas Essbares in den Mund und ging zur nahen Hauptschule. Tomas ging schnell, mit überlangen Schritten, für die er in seiner Schule bekannt war. Jetzt war er in der achten Klasse, – dass er ab morgen für mehrere Jahre keine Schule mehr besuchen würde, obwohl er es selber immer gerne wollte, ahnte er noch nicht.

Die erwachsenen Menschen hatten ohne ihn geplant!

Was in seiner näheren Zukunft passieren würde, lag noch außerhalb seiner jungen Vorstellungskraft; und wohl auch außerhalb der Vorstellungskraft und dem Verständnis jener Erwachsenen, die, ohne sein Wissen, bereits Wochen zuvor ihm die Weichen gestellt hatten. Anzeichen hierfür hatte es gegeben, aber Tomas hatte sie nicht erkannt.

Auch am Nachmittag unterschied sich der Tag zunächst nicht sehr von den vorausgegangenen Tagen.

Tomas hatte auf einer Waldlichtung ein defektes Funkgerät entdeckt. Nun suchte er die Stelle wieder auf, er hatte Zange und Schraubenzieher dabei und kniff ein paar Teile – Spulen, Transistoren und Widerstände – ab. Am schwierigsten war es, den großen Drehkondensator zu lösen, aber gerade den brauchte er, um eventuell ein einfaches Radio zu bauen. Wenigstens wollte er das versuchen.

Kaum wieder zu Hause; er hatte gerade all seine eroberten Teile auf einem Tisch vor sich ausgebreitet; waren da auf einmal Geräusche und Gespräche von unbekannten Leuten in der Wohnung. Tomas konnte verstehen, dass die Unbekannten ihn abholen wollten.

Leise dreht er den Schlüssel der Zimmertür herum, schließt auch das Fenster zum Balkon … schon rüttelt es an der Tür.

Ein fremder Mann kommt auf den Balkon gestürmt.

„Ich passe auf, damit er hier nicht runterspringen kann!" hört Tomas durch die Fensterscheibe.

Nanu! Glauben sie wirklich, er würde – einfach so! – von der vierten Etage springen? Und sich freiwillig alle Gräten brechen?

Mit einem Draht wird eine Weile im Türschloss gestochert. Der Schlüssel fällt aus dem Schlüsselloch klirrend auf den Fußboden. Tomas kauert, wie gebannt, in der hinteren Zimmerecke auf seinem Bett und schaut dem Vorgang zu: Warum hat er nicht den Schlüssel festgehalten, damit das Türschloss versperrt ist?

Als die Tür sich endlich öffnet, geschieht dies nicht schnell … eher wie in Zeitlupe. Sie öffnet sich zunächst nur einen Spalt, … um nach einigen Sekunden langsam vollends aufzugehen.

Ein etwa vierzigjähriger, dunkelhaariger, sehr kleiner, schmächtiger Mann … beinahe ein Männchen … tritt recht gelassen in das Zimmer, er hat ein mildes, siegessicheres Lächeln um den Mund. Eine Begrüßung oder Vorstellung spart er sich ein, stellt Tomas sofort eine Frage: „Hören Sie Gottes Stimme?"

Nun grinste der fremde Mann auffallend breit über sein schmales Gesicht, als sei diese Frage besonders witzig, intelligent oder hintergründig gewesen.

„Hören Sie Gottes Stimme?!"

„Was ist das für eine seltsame Frage?" erwiderte Tomas und schaute überrascht. Er las zwar regelmäßig in seiner Senfkorn-Taschenbibel, welche die Mutter ihm geschenkt hatte, und glaubte an einen christlichen Gott, hoffte manchmal auch, dieser würde auf ihn einwirken und ihn lenken, eine ‚Stimme' hatte er bislang aber noch nicht gehört.

„Ist das ein Geheimnis?" fragte der fremde Eindringling und grinste wiederum sehr hintergründig.

„Warum fragen Sie mich überhaupt nach meinen Geheimnissen?" entgegnete Tomas. „Sie brauchen mich nicht nach *meinen* Geheimnissen zu fragen. Wenn ich wirklich ein Geheimnis hätte, würde ich *Ihnen* das bestimmt nicht verraten!"

„Dann behalten Sie Ihre Geheimnisse also lieber für sich!" Der Unbekannte grinste bedeutungsvoll und wechselte das Thema: „Wie läuft es bei Ihnen denn in der Schule?"

„Hm, es geht so! In den meisten Fächern komme ich ganz gut mit!"

„In den *meisten* Fächern?" Der schmächtige Mann hob die Augenbrauen und blickte den Jungen prüfend an.

Tomas dehnte das „Jaa!" eine Winzigkeit mehr in die Länge, als er es beabsichtigt hatte. „Nur in Deutsch kann ich vielleicht durchfallen, aber das schaffe ich schon noch!" Die Schule war ihm sehr wichtig! Auch gerade, weil er in diesem Halbjahr oft Probleme mit dem neuen Klassenlehrer hatte. Aber das erzählte er dem seltsamen Fremden besser nicht …

Der merkwürdige Mann stellte noch ein paar allgemeine Fragen und wunderte sich dann sichtlich über die vielen, teils wild verstreuten, teils bereits sortierten Kondensatoren, Spulen und Widerständen auf dem Tisch.

„Was wollen Sie damit machen?"

„Ein Radio bauen!"

Wieder schien sich der Mann zu wundern.

„Vielleicht brauchen Sie das Radiogerät, um Gottes Stimme zu hören?" fragte der Mann den Jungen, aber auf diese eigenartige Frage bekam er keine Antwort.

Er rief nun die anderen Männer, die sich noch außerhalb des Zimmers befanden, zu sich.

„Von dem erfahren wir nicht viel, den sollten wir sicherheitshalber zur *Beobachtung* mitnehmen!" entschied er. Die Aufgabe des merkwürdigen, kleinen, dunkelhaarigen

Erwachsenen war damit erledigt: Tomas sah ihn niemals wieder. Ein anderer kräftiger Erwachsener, in einer polizeiähnlichen grünen Jacke ohne Schulterklappen und Abzeichen, der offensichtlich nicht zu entscheiden, aber alles auszuführen hatte, begleitete Tomas aus der Wohnung zu einem Auto.

Später wird Tomas sich oft die Frage stellen, weshalb er nicht wenigstens versucht hat davonzulaufen, obwohl er in diesem Moment natürlich daran dachte. Irgendeine schlechte innere Eingebung hielt ihn wohl davon ab. Wie schnell wäre er gelaufen, hätte er jetzt, in diesem Augenblick, zwei Tage weit in die Zukunft sehen können. – Bestimmt hätte er ganz flinke Beine bekommen! Wie ein junger Windhund!

Sie setzten sich ins Auto. Sobald keine Zeugen mehr anwesend waren, hob der grünbejackte Mann die Faust und drohte Tomas Prügel an, falls er nicht parieren würde.

Gehörte *das auch* zu seinen Aufgaben?

*

Tomas erinnerte sich wieder an eine Warnung, drei Wochen zuvor:

„Tomas, ich möchte mal mit dir reden!" Frau Conrad unterbrach ihren Unterricht. „Hier habe ich einen Brief, dass du ins Krankenhaus kommen sollst! Und ich möchte jetzt gerne wissen, was damit ist?"

„In ein Krankenhaus?" Seine Stimme klang wie ein fragendes Echo. „Nein, davon weiß ich nichts! Wieso sollte ich in ein Krankenhaus kommen? Ich bin doch nicht krank!"

Seit gut einem Jahr war er bei keinem Arzt mehr gewesen! Der Junge konnte sich in keiner Weise vorstellen, wie *das* gemeint sein könnte. „Da *muss* ein Irrtum vorliegen!" sagte er in fester Überzeugung.

Möglicherweise hätte Tomas sich mehr Zeit genommen und sich mit der Lehrerin ausführlicher unterhalten, wäre ihre Frage nicht während, sondern erst nach der Unterrichtsstunde gekommen. Er hätte gerne noch mal nachgefragt, aber er fand es peinlich, im Mittelpunkt zu stehen und den Unterricht zu ‚stören‘.

Die Lehrerin ließ die Angelegenheit auf sich beruhen, und Tomas vergaß ihre mögliche Warnung vorläufig wieder.

Später wird er sich Vorwürfe machen: Welch eine Unterlassungssünde hatte er da begangen! Natürlich hätte er gleich nach der Stunde sofort nachfragen und Frau Conrad um ein Gespräch bitten müssen! Vielleicht hätte ja nur EINE Frage seinen künftigen Lebensweg entscheidend verändern können!

Die Fahrt ins Ungewisse und ein fauler Zauber

Der Wagen fuhr an Tomas Schule vorüber. Er hoffte, sie bald wiederzusehen. Zuerst kannte er die Straßen noch. – Doch Minuten später kamen sie ihm fremd vor. Sie gelangten in ein Waldgebiet und fuhren hier zwei Steigungen hinauf und hinunter. Tomas wusste nicht, dass die Straße, auf der sie sich nun befanden, Bodelschwinghstraße heißt. Eine kleine Nebenstraße führte zu der weltweit bekannten Anstalt Bethel. Auf dem Parkplatz einer neurologischen Klinik hielten sie an, und der Mann in der Uniform ohne Abzeichen forderte den Jungen barsch auf, auszusteigen.

„Ich will in keine Klapsmühle!" entfuhr es Tomas aus tiefster Seele, als sie dann auf dem Hof vor einem dunkelgrauen Klinikgebäude standen. „Ich bin doch nicht *verrückt!"*

„Das ist keine Klapsmühle, sondern ein Nervenkrankenhaus!" rief der Mann ohne Abzeichen mit drohenden Gebärden.

Wieder hob er die Faust, als wolle er augenblicklich zuschlagen, und tat, als sei er persönlich beleidigt oder angegriffen worden, und Tomas unterließ es lieber, dieses Wort ein zweites Mal in den Mund zu nehmen. Aber im Innersten dachte er doch: *Klapsmühle, Klapsmühle, Klapsmühle!*

„Und Sie sind auch nicht verrückt. Sie sind *geisteskrank!*"
erklärte der Mann jetzt dem Jungen mit lautstarker und äußerst aggressiver Stimme. „Ich würde nie jemanden als verrückt bezeichnen, das nämlich wäre eine schwere Beleidi-
gung, aber als *krank!* Wer *krank* ist, muss behandelt werden.
Sie *sind* krank! Sie *müssen* behandelt werden! Man will Ihnen hier *helfen!*"

Woher will *der* das *so genau wissen?* Tomas machte ein
Gesicht, das in etwa aussagen mochte: *Je lauter die Erwachsenen schreien, desto weniger recht haben sie!*

Und er dachte bei sich: *Wenn ich nicht verrückt bin, sondern krank, warum behandelt er mich dann so?*

Sein Gesicht sprach zwar Bände, doch sein Mund blieb
besser stumm. – *Möglicherweise war dieser aufgebrachte Ja-
ckenmann ja an Gewalt gewöhnt? Von den anderen Einsät-
zen her, vielleicht? Woher sollte man das wissen?*

Nachdem sie einige Minuten am großen Blumenbeet neben
dem Eingang gewartet hatten, sah Tomas in der Ferne, auf
dem schmalen Weg zur Straße, die Mutter näherkommen.
Ein rotblonder, untersetzter Mann begleitete sie.

Die Mutter nutzte eher selten die Gelegenheiten, um Lob
auszusprechen. Nun tat sie es! Erfreut lobte sie Tomas, *wie
vernünftig* er doch vorhin zum Wagen mitgegangen sei. Ja,
so tapfer! Und dass er gar nicht mal versucht habe, auszurei-
ßen.

Mit dem Erscheinen eines neuen Aufpassers war die Aufgabe der grünen Jacke erfüllt. Tomas schaute dem ihm be-
drohlichen Mann nach, wie er in seinen Wagen stieg und
abfuhr. Prompt machte der Junge den Mund wieder tüchtig
auf. Und rief mit lauter Stimme und aus lauterem Herzen:
„Ich will nicht in die Klapsmühle! Ich will da nicht rein! Ich
bin doch nicht *verrückt!*"

Tomas lautes und heftiges Widerstreben, *seine kleine ‚Auf-
führung‘*, schien der Mutter ein wenig peinlich zu sein. Sie

überspielte es mit einem Lachen. „Er möchte nicht in die Klinik, weil er Angst hat, dass man hier verrückt gemacht wird!" Mit diesen Worten wollte sie den Sohn wohl in Schutz nehmen.

„Das stimmt nicht!" sagte der Rotblonde amüsiert und wechselte einen schnellen Blick mit der Mutter. „Ich arbeite seit über 10 Jahren hier, und bin immer noch nicht verrückt!" Mit diesen Worten wollte er Tomas wohl beruhigen.

„Jaaa? – Das haben *Sie* gesagt!"

Der von Tomas derartig in Frage gestellte, reagierte, im Gegensatz zu seinem Vorgänger, kein bisschen aggressiv. Mit Vergnügen schmunzelte er und meinte dann mit unvermindert freundlicher Stimme: „Dafür, dass er *hier* eingeliefert wird, ist er ja noch recht pfiffig!" – Überhaupt redete dieser Mann mit einer gleichbleibend freundlich und vergnügt klingenden Stimme. Und gar nicht so, als würde vor seinen Augen gerade etwas Unerhörtes, oder womöglich sogar Ungeheuerliches, passieren …

Ein anderer Mann erschien, ein äußerst stämmiger, fast kahlköpfiger Hüne, dem eine Diät sehr gut zu Gesicht – *Pardon!* – zur Figur gestanden hätte. Ausgesprochen höflich stellte er sich der Mutter vor, mit Händedruck, einer kleinen Verbeugung und gleich mit vollem Namen: „Ich bin Paul Milgram und arbeite hier als Krankenpfleger!"

Dann wandte er sich an den Jungen. „Kommen Sie mit, und machen Sie mir keine Faxen!" warnte er. „Und versuchen Sie janicht wegzulaufen! Ich bin nämlich sehr schnell!"

Tomas musterte die füllige Statur des Neuangekommenen mit zweifelnden Blicken.

„Doch, doch, das können Sie mir glauben! – Auch wenn es nicht so aussieht! Das wollten mir schon viele nicht glauben, dass ich schnell bin: Ich hab' sie alle wieder eingeholt!"

Trotz oder wegen dieser Warnung dachte Tomas schon eifrig darüber nach, das Laufvermögen des dicken Riesen mit ein paar eng geschlagenen Haken auf die Probe zu stellen. Aber vermutlich hätten die Pfleger ihn ja doch erwischt!

„Ich möchte *da* aber nicht rein!" maulte er stattdessen.

„Das ist nicht so schlimm, wie Sie meinen!" Der stämmige Pfleger zauberte, Abrakadabra, – mit einem Mal! – einen fürsorglichen, aufmunternden Tonfall in seine Stimme. Und auch die Mutter und der Rotblonde bestätigten nun, dass es ganz, ganz sicher nicht schlimm sei.

„Ich *will* da nicht rein!"

„Sie können ja zuerst nur mal gucken", schlug Pfleger Milgram vor. „Und wenn es Ihnen nicht gefällt, gleich wieder gehen!" Bei diesen Worten blickte er Tomas in einer Weise an, wie man Kinder ansieht, denen man Vertrauen einflößen möchte.

Für Tomas hatte in letzter Zeit ein übergroßer Mangel an Vertrauenspersonen bestanden. Besonders an *erwachsenen* Vertrauenspersonen. Den Vater hatte er seit über drei Jahren nicht mehr gesehen. Der Großvater, der einst eine alte Wassermühle besessen hatte, über die er so manche – oft schwer glaubliche – Räuberpistole erzählen konnte, war vor zwei Jahren verstorben. Von da an war die Oma, die ihren Enkel immer sehr gemocht hatte, von Monat zu Monat verwirrter geworden; es ließ sich kaum noch vernünftig mit ihr reden.

So hatte der vertrauliche Blick des Pflegers eine starke Wirkung auf den Jungen. Und – Sim-sala-bim! – er folgte dem Mann tatsächlich bis vor die Eingangstreppe der Klinik.

„Also gut!" nickte der Junge, und stieg die Stufen hinauf. Dabei wiederholte er stetig die Worte des Pflegers, wie eine Sicherheit gebende Zauberformel: „Aber erstmal nur kucken! Nur kucken! Ich möchte *nur* einmal kucken!"

Augenblicke später, als Paul Milgram die Tür hinter ihnen abschloss, – und Tomas dessen verstecktes und selbstzufriedenes Lächeln erkannte, schämte er sich über seine kindliche Naivität.

Mehrbett- oder Einzelzimmer?

Sie gelangten durch einen schmalen Gang in einen nahezu quadratischen Saal, in dem, dicht nebeneinander, viele Krankenhausbetten standen. Doch immerhin zeigten nicht alle Betten in ein und dieselbe Richtung! – *Man stelle sich nur einmal vor: alle Betten in durchgehend geraden Reihen, immer Bett, Nachttisch, Bett, Nachttisch, Bett, Nachttisch, dicht an dicht: Wie sähe DAS wohl aus?* – Aber durch jene unterschiedliche Orientierung in diverse Himmelsrichtungen wurde, wie es eine deutsche Beamtenseele vielleicht ausdrücken würde, die *Möglichkeit einer gestrengen Anordnung doch einigermaßen abgemildert ...*

Im Klartext: *So* wirkte die Aufstellung der Betten weniger langweilig und streng!

„Sie sind hier jetzt in der Nervenklinik Jericho 8, auf der Station U7 und *das* ist Ihr Bett!" sagte Paul Milgram und schlug mit seiner fleischigen, kräftigen Hand auf das Ende eines weißbezogenen Bettes mitten im großen Männerschlafsaal.

Tomas blickte sich um: „Wie viele Betten stehen hier?"

„Ich glaube, es sind sechzehn", antwortete der Pfleger. „So genau habe ich sie noch nicht gezählt!"

Nachdem Tomas seine Frage gestellt hatte, wirkte der mollige Hüne auf einmal sonderbar verlegen und unsicher – ja, fast tapsig, wie ein großer Bär, der von einem Bein aufs andere tritt. Und Tomas überlegte, ob sich der riesige Kerl denn schäme, die Bettenanzahl nicht völlig sicher zu wissen.

Der Pfleger zählte einfach nach: „... zwölf, dreizehn, vierzehn, ... doch, es sind ganz genau sechzehn!"

Tomas hätte am liebsten gesagt: *Okay, okay! – Jetzt habe ich ALLES gesehen, es gefällt mir nicht, und ich möchte sofort wieder gehen*; aber inzwischen war ihm ja klargeworden, dass er vorhin vor der Eingangstür nur einer Finte aufgesessen war.

„Haben Sie denn kein Einzelzimmer?" fragte er stattdessen mit einem unüberhörbar schnippischen Unterton. Diese Frage sollte mindestens zur Hälfte ein Scherz sein; denn bei *diesem* überfließenden Platzangebot war er doch relativ sicher, dass die mögliche Antwort nur „Nein!" heißen könne. Auf diese Antwort hin könnte er dann gut den Beleidigten spielen und mit streng-gestellter Stimme fragen: „Soo? – Und *was für ein Krankenhaus* seid Ihr denn hier?!"

„An den Seiten haben wir noch zwei Dreibettzimmer, aber die sind alle belegt …"

„*Hier* kann ich bestimmt nicht schlafen!" meinte Tomas nun trotzig.

„Drüben auf der anderen Station gibt es höchstens noch ein Stübchen", fiel Herrn Milgram ein.

„Ein Stübchen?" wiederholte Tomas fragend. „Das ist sicher auch belegt?"

„Nein, ich glaube, eins ist noch frei!"

„Ist das auch ein Dreibettzimmer?"

„Nein – ein Einzelzimmer …"

„*Sogar* ein Einzelzimmer!" frohlockte Tomas.
Vor seinem – noch recht kindlichen – geistigen Auge stieg soeben ein Bild auf; ein Bild von einem ruhig gelegenen, gemütlichen Zimmerchen, mit *einem* weiß bezogenen Bett, mit schmucker Tapete und hübschen Vorhängen am Fenster, und – was ihm wohl am allermeisten behagte – vielleicht konnte man sich ja nachts, zu gegebener Zeit, möglichst unauffällig durch dieses Fenster verdrücken!

„Aber das wird Ihnen auch nicht gefallen!" mutmaßte der Pfleger. „Das ist …" – Er machte eine kleine Sprechpause – „nicht besonders gut!" Fast unmerklich schüttelte er den Kopf, verzog leicht den geschlossenen Mund und spitzte dabei die Lippen; etwa so, als erinnere er sich insgeheim an einen ziemlich faulen Apfel.

Tomas ignorierte die leise Warnung auf dem Gesicht des Pflegers. „Warum nicht?!" rief er aus. „*Da* möchte ich hin!"

Der Pfleger schloss eine Tür auf. Sie durchquerten einen zweiten Saal, in dem sich bettlägerige Greise befanden, und wechselten dann, nachdem der Pfleger mit dem universellen Tür-‚Drücker' weitere Türen auf- und wieder zugeschlossen hatte, in einen Bereich der Dauerpatienten, die hier zum größten Teil seit 20, 30 oder mehr Jahren verwahrt wurden. Auf dieser Station gab es auch einige von Ärzten und Pflegepersonal so genannte – ‚Stübchen'.

All diese Umstände waren Tomas natürlich unbekannt. – Aber als sie endlich vor einer grünlich gefärbten Stahltür standen, die der Pfleger mit recht lautem Klacken aufschloss, schwante ihm nichts Gutes. Während die Tür sich öffnete, bemerkte Tomas, dass sie mehr als einen Dezimeter dick war! ... eine Zelle!

Das Inventar bestand lediglich aus einer Matratze mit dunkelgrauem Kunststoffbezug – sie lag rechts vor der Wand, auf dem Fußboden – und einer henkellosen Nachtschüssel aus schwarzem Gummi.

Kein Bettgestell, keine Bettwäsche und schon gar keine hübschen Gardinen am Fenster! Und über diesem grauweißen, ziemlich laut nach einem baldigen Putzfrauenbesuch schreiendem Ganzen lag ein unangenehmer süßlich-muffiger Geruch.

„Das haben Sie sich sicher *ganz anders* vorgestellt!" sagte Paul Milgram, als er das erschrockene Gesicht des Jungen sah. Der Pfleger ging zum Fenster und schlug mit der geballten Faust mehrmals tüchtig auf eine der kleinen Scheiben, die mit stabilen weißgetünchten Stahlschienen gitterartig eingefasst waren.

„Panzerglas! – Vollkommen ausbruchsicher!" erklärte er und schaute Tomas dabei fest in die Augen. Tomas zog eine Schnute und wendete den Blick ab. Große Scheiße! Woher kannte dieser Kerl nur seine innersten Gedanken ...?

„Möchten Sie nicht doch lieber mit mir wieder zurück in den Schlafsaal gehen?" fragte der Pfleger den Jungen.

Ganz alleine zusammen mit fünfzehn Verrückten, zu denen er ja nicht gehörte, in *einem* großen Saal? Womöglich waren manche ja auch aggressiv; woher sollte man das wissen? Oder hier, wirklich *ganz* alleine, weit entfernt von *allen* anderen Patienten, in dieser unwirtlichen Zelle? Mit der Zeit würde er sich aber bestimmt daran gewöhnen ...

„Nein, ich bleibe hier!" entschied Tomas. *Dass er sich hiermit für eine Station der langjährigen Dauerpatienten (mit besonders schweren ‚Fällen') entschieden hatte, anstelle jener für die eher mittelfristigen Patienten (die aber auch oft für Jahre blieben), war ihm zu diesem Zeitpunkt noch nicht bewusst.*

Der Pfleger Paul Milgram ging aus dem Raum und ließ den Jungen zurück. Er drückte die schwere Stahltür zu, und schloss sie mit lautem Klacken ab.

Akteneinsicht

„Ich konnte jahrelang nicht darüber sprechen! Als ich es zum ersten Mal versuchte, hat meine Stimme versagt. Es ist ja auch keine von den Geschichten, über die im ‚normalen Leben' einfach so geredet wird. – Und ich bezweifle stark, dass die Ärzte seinerzeit *wirklich* etwas über mich wussten."

„Es kann schon sein, dass Sie in der Psychiatrie damals unter die Räder gekommen sind! Psychiater konstruieren sich oft die Wirklichkeit!"

Die freundliche Dame hat über Jahrzehnte als Therapeutin in Bethel gearbeitet. Sie ist mittlerweile im Ruhestand, und hat sich ehrenamtlich bereit erklärt, Tomas bei seinen Erkundungen zu unterstützen.

Tomas hat seine Akte zwar nicht persönlich ausgehändigt bekommen, darf sie aber im Beisein jener freundlichen Dame einsehen.

Sie sitzen im alten Teil der heutigen Klinik, in einem kleinen Büro, an einem breiten Schreibtisch. Das alte Gebäude ist größtenteils abgerissen worden. Die damalige Station der Dauerpatienten und die archaische Stübchen-Zelle, in der nicht nur Tomas vormals gesessen und gelitten hatte, existieren heute nicht mehr. Dafür wurde dicht daneben, in den späten siebziger Jahren, ein großer moderner Komplex hochgezogen. Es wurden wieder neue ‚modernere' Isolier-Zellen (mit eigener Wasserspülung) eingerichtet, in denen Patienten in aller Regel völlig entkleidet sitzen mussten. Die Zellen waren eine Zeitlang ‚in Betrieb' und wurden später zu normalen Krankenzimmern umgebaut.

Die freundliche Therapeutin blickt Tomas an: „Wann waren Sie in Bethel?"

„1971!"

„Weshalb sind Sie damals nach Bethel gekommen?"

„Das möchte ich, unter anderem, ja auch genauer herausfinden!"

„Es muss etwas gegeben haben, was Sie verdächtig gemacht hat! Die Mitarbeiter müssen damals den Eindruck gehabt haben, dass mit Ihnen was nicht stimmt!" erklärt die freundliche Dame.

„Das ist schon möglich! Ich bin auch hier, weil ich selber nach Erklärungen und Zusammenhängen suche, wie das alles passieren konnte. Inzwischen weiß ich, dass meine Mutter damals wegen mir bei verschiedenen Ärzten war, – aber immer ohne mich und ohne mir etwas davon zu sagen. Sie war, glaube ich, bei ihrem Hausarzt, bei einem Kinderarzt, den ich zumindest von früher kannte, aber jahrelang nicht gesehen hatte, und dann noch bei ein oder zwei Psychiatern, oder Psychologen, die nicht aus Bethel kamen, und die über mich sogar widersprüchliche Berichte verfertigt haben, ohne mich jemals zu sehen, allein nach den Angaben meiner Mutter. Was sie diesen Ärzten alles erzählt hat, weiß ich leider nicht. Sie hat mit mir nie darüber geredet. Ich war auch niemals dabei, wenn sie mit einem Arzt aus Bethel über mich gesprochen hat. Und ich habe, tatsächlich, noch nicht einmal erfahren, ob und wann solche Gespräche zwischen den Ärzten der Klinik und meiner Mutter möglicherweise stattgefunden haben, ich kann mir nur denken, dass sie stattgefunden haben müssen. Unglaublich, wie wenig einem minderjährigen Patienten damals mitgeteilt wurde …“

„Das stimmt leider!“ bestätigt die freundliche Dame. „Tatsächlich soll es früher ein Lehrbuch gegeben haben, das empfohlen hat, mit den Patienten überhaupt nicht zu sprechen. Eine ehemalige Patientin aus Bethel, Frau …, die später ein Buch darüber veröffentlichte, hat berichtet, dass Sie seinerzeit nicht einmal *ein* Arztgespräch bekommen habe …“

„Na gut, einige wenige kurze Arztgespräche habe ich am Anfang schon bekommen, aber eben nie zusammen mit meiner Mutter. Ich frage mich noch heute, was sie da möglicherweise erzählt hat. Und bei allen Entscheidungen war ich als Halbwüchsiger sowieso außen vor; und durfte nicht mitreden. – Außerdem habe ich in den zwei Wochen vor der Einweisung nur heimlich gegessen!“ sagt Tomas plötzlich. „Und meine Mutter hat wohl geglaubt, ich würde überhaupt nicht mehr essen!“

„Ach so!“ Der Dame scheint ein kleines Licht aufzugehen. „Das wäre ja auch eine Erklärung für Ihre Einweisung!“

„Es war vielleicht eine Trotzreaktion. Oder ein Hilfeschrei von mir. Ich würde allerdings nicht mal behaupten, dass ich damals eine Ess-Störung hatte. Und ich frage mich auch, ob mein heimliches Essen der ursprüngliche Grund für die Einweisung war, da meine Mutter ja schon vorher bei verschiedenen Ärzten gewesen war. Außerdem habe ich in der Klinik ja am ersten Tag wieder normal gegessen. Wenn es bloß *darum* gegangen wäre, hätten sie mich ja nach *ein oder zwei Wochen* gleich wieder entlassen können! Wenn ich heute als 14-Jähriger unter ähnlichen Umständen nach Bethel käme, würde sicher vieles gar nicht erst passieren!“

„Wie gut können Sie sich an Bethel erinnern?“

„Manche Erlebnisse sehe ich, auch heute noch, wie in einem Film vor mir. Besonders jene aus den ersten Tagen! Die kommen mir mitunter vor, wie schlechte Theaterszenen. Später gab es eine Phase, in der ich besonders viele Medikamente bekam. Da ist vieles wie von einem Nebeltuch verhüllt, es gibt nur noch einzelne Bilder!"

Wer fürchtet sich vorm schwarzen Mann?

Die dicke Stahltür öffnete sich. Ein hochgewachsener Mann, Mitte zwanzig, mit rabenschwarzen Haaren und breitbuschigen Koteletten schaute herein. Er stutzte und musterte ausführlich den neuen Insassen. Der jugendliche Zellen-Insasse musterte seinerseits den schwarzhaarigen Pfleger: Mit der ebenfalls schwarzen, mit großen Nieten besetzten Schlaghose ähnelte der Mann äußerlich einem berühmten Rockstar.

„Nein, das geht nicht, dass Sie hier all ihre Sachen anhaben!" entfuhr es dem Pfleger. „Im Stübchen dürfen Sie das nicht! Ist hier streng verboten!"

Außerhalb der Zelle musste Tomas sich bis auf die Unterwäsche ausziehen, und Hemd und Hose über einen Stuhl legen. Dann brachte der Mann ihn wieder zurück in den Raum und schloss die Stahltür ab.

Tomas hockte sich erstmal auf die Matratze – wohin auch sonst? Immer neue und andere Ungewissheiten ergriffen ihn: Was würde jetzt weiter mit ihm passieren? Er hatte in der Schule schon so manchen Witz über die Psychiatrien – die sogenannten Klapsmühlen – gehört, und in Zeitungen, recht sporadisch, Unerfreuliches gelesen. Was davon könnte vielleicht stimmen?

Nach vielleicht 20 Minuten kam der Mann zurück. „Ich muss Ihren Namen aufschreiben!" sagte er.

– „Tomas Graben." –

„Wie alt sind Sie?"

– „14 Jahre." –

„In welchem Jahr sind Sie dann geboren?"

Als Tomas nicht gleich antwortete, versuchte der Pfleger selbst nachzurechnen, wobei er umständlich die Finger zu Hilfe nahm.

Tomas griff absichtlich nicht ein: *Ob das wohl noch was werden wird?* Er schaute still zu, und tat, als warte er schon gespannt auf das Rechenergebnis.

Schließlich einigten sie sich doch noch auf eine Jahreszahl. Der lange schwarzhaarige Mann schrieb alle Angaben auf einen kleinen Zettel und verschwand damit durch die Tür.

Nach einigen Minuten brachte der Pfleger einen Teller mit Brot, Wurst und Käse, und zwei filzige, graubraune Wolldecken in die Zelle.

Tomas war hungrig: „Kann ich noch mehr haben?"

„Nein, das ist alles! Das sind nur die Reste. Die sind noch vom Abendessen übrig geblieben. Mehr habe ich nicht!"

Tomas schlang Brot und Käse hinunter; nur die dicke Mettwurstscheibe ließ er auf dem Teller liegen, sie war ihm zu fettig.

Eine halbe Stunde später kam der Pfleger zurück und erblickte die liegengebliebene Wurstscheibe.

„Essen Sie die Wurst auf!" drohte er gleich. „Wir haben hier schon **ganz andere** zwangsernährt! Das dürfen Sie mir glauben!"

Er beschrieb Tomas den Vorgang genau. „Da kommt ein Gummischlauch durch die Nase und wird in den Magen geführt."

Doch Tomas wollte sich vom schwarzen Mann nicht einschüchtern lassen! Er aß die Wurstscheibe nicht, sondern wartete stattdessen auf die angekündigte Zwangsernährung.

Zum Glück war diese Drohung dann doch *noch nicht* ernst gemeint: Der Pfleger kam nach einer Viertelstunde wieder in die Zelle, warf jeweils einen sehr wilden, erschrockenen Blick auf den Teller und auf Tomas; etwa wie ein Räuberhauptmann, der sieht, dass eine sicher gewähnte Beute überraschende Beine bekommen hat, – dann nahm er Wurst und Teller wortlos wieder mit.

Akteneinsicht

„Von welchen Ärzten sind Sie damals behandelt worden?" möchte die freundliche Dame wissen.

„Von Dr. Sand und Dr. Pfeffer."

„Dr. Sand galt als sehr modern." Ihr Blick ist ein bisschen verwundert. „Ich habe ihn selbst noch kennen gelernt. Der Herr Dr. Pfeffer dagegen, soll schon eher ein Arzt von altem Schrot und Korn gewesen sein."

„Ich finde nicht, dass Dr. Sand ein sonderlich moderner Arzt gewesen ist, obwohl er *damals* tatsächlich als solcher gehandelt wurde, und manches tatsächlich auch verändert und erneuert hat. Sicher kommt es da immer auf den Blickwinkel an. Aus meiner damaligen Patienten-Sicht war er es jedenfalls nicht. Und heute denke ich, dass er wohl zwei Seiten hatte. ‚Wie eine moderne Steinzeit!', würde ich sagen. Außerdem war er in der Klinik wohl sehr überfordert.

Er hat zwar bald mit mir geredet, am ersten Tag schon; doch hauptsächlich wohl nur, um mir seine Medikamente zu verschreiben. *Obwohl ich nicht erinnern kann, dass er **beim** ersten Gespräch über Medikamente **geredet** hat: Ich war **sehr** überrascht, als ich welche bekam.* Nach diesem Erstgespräch habe ich ihn dann nur wenige Male gesehen und gesprochen, immer sehr kurz, quasi im Vorübergehen, und später, so nach drei, vier Wochen, schien er einen völlig vergessen zu haben. Ich hatte außerdem den Eindruck, dass er mir, von

Anfang an, einfach nicht glauben wollte, was ich ihm erzählt habe: obwohl alles gestimmt hat! Dr. Pfeffer hat mir dagegen wesentlich mehr Medikamente verordnet. Dr. Sand hat mir von Anfang an ja starke Medikamente gegeben, das war schon schlimm genug für mich, aber Dr. Pfeffer …"

„Haben Sie damals denn gleich am ersten Tag Medikamente bekommen?" Die Stimme der freundlichen Therapeutin klingt überrascht.

„Am ersten Abend noch nicht, aber am nächsten Tag gleich nach dem Mittagessen!"

„Heute macht man das nicht mehr so, heute wartet man zuvor eine Zeitlang ab! Die Patienten müssen über *mindestens zwei Wochen* beobachtet werden, damit man erstmal herausfinden kann, **was mit ihnen ist.**"

Die freundliche Dame beginnt zu blättern. „Die Akte ist doch sehr umfangreich! – Das kann ich Ihnen gar nicht alles vorlesen." Sie blättert wieder zurück. „Was ist für Sie wichtig, was möchten Sie gerne hören?"

„Steht da irgendwo, dass ich Stimmen höre?"

„Warum fragen Sie nach den Stimmen?"

„Ich nehme an, dass meine Mutter damals geglaubt und den Ärzten erzählt hat, ich würde Stimmen hören", erklärt Tomas und wiegt dabei leicht den Kopf hin und her. „Es ist zwar nur eine Theorie – aber für mich mittlerweile fast die einzige plausible Erklärung. Allerdings hat mich in Bethel niemals ein Arzt danach gefragt!"

Die Dame hebt den Aktenordner auf die Knie, ihre Augen überfliegen die Seiten. „Ich lese hier nichts – von den Stimmen!" Ein besonderer Satz ist ihr offenbar aufgefallen. Sie liest ihn laut vor: „*Auf Geheiß drückte der Patient die Hand des Arztes mit außerordentlichen Kräften.*"

Über Tomas Lippen huscht ein leises Schmunzeln.

„Was hat das zu sagen?" Die freundliche Dame blickt fragend auf.

Vom Händedrücken mit Dr. Sand

Aus einer Aktennotiz:

... auf Geheiß drückte der Patient die Hand des Arztes mit außerordentlichen Kräften.

Kurze Zeit später schaute ein Arzt in die Zelle herein. Ein mittelgroßer, unauffälliger Mann, ohne weißen Kittel. Er grüßte, ohne gleich eine Frage nach Gottes Stimme zu stellen, und stellte sich als Dr. Sand vor. Der Arzt wendete den Kopf hin und her und schaute in alle Ecken der Zelle. Er guckte sich zwar kurz, aber auffallend intensiv um, als habe er diesen denkwürdigen Raum bisher noch nicht, oder wenigstens nicht allzu häufig, zu Gesicht bekommen.

Erneut ein schneller, erheitert wirkender Blick vom Boden bis hoch zu der spärlichen Lampe unter der Decke. Dann sah er wieder Tomas an. „Hm!" kommentierte er scherzend: „Ein *sehr schönes* Zimmer haben Sie sich da ausgesucht!"

Aber Tomas konnte nicht lachen.

„Ich habe mir g*ar nichts* ausgesucht!" entgegnete er bockig. „Ich weiß nicht mal, *weshalb* ich hier bin!"

„Ich habe gehört, dass Sie über einen sehr kräftigen Händedruck verfügen sollen", sagte der Arzt, ohne näher auf Tomas Bekundungen einzugehen. „Geben Sie mir doch einmal die Hand und drücken Sie fest zu! So fest Sie können!"

Tomas war die Verwunderung anzumerken: Woher wusste der Arzt davon? In Tomas Schule galt es als Mutprobe, ihm die Hand zu geben. Auf dem Schulhof traten mitunter gleich mehrere Jungen auf ihn zu, nur um ihm die Hand zu reichen. Und falls es einem Mitschüler gelungen war, dieses Kräftemessen vor vielen Zuschauern zu überstehen, ohne ein erkennbares Anzeichen von Schmerzen, dann zog er, um scheinbare Zentimeter gewachsen, wieder von dannen. Doch das schafften nicht viele, die Mehrzahl der Mutigen ging auf die Knie. Hatte der Arzt darüber aus seiner Schule

erfahren? Es war Tomas nicht aufgefallen, dass das Hände-
drücken jemandem aufgefallen war ... Vom neuen Klassenlehrer vielleicht? Ob der sich beschwert hat? Oder doch von
der Mutter? Aber woher sollte die das überhaupt wissen?
Geredet hatte er jedenfalls mit niemandem darüber ... *

*Auf Geheiß des Arztes drückte der Patient nun dessen
Hand mit außerordentlichen Kräften ...*

Dr. Sand verzog das Gesicht. „*Das* hätte ich Ihnen bestimmt nicht zugetraut, wenn ich mir Sie so ansehe; so dünn
wie Sie sind. – Das macht Ihnen aber sicher auch Spaß!"

Tomas sah den Arzt prüfend an. Worauf wollte er hinaus?
Hielt er ihn für einen Sadisten? Ein wenig stolz war er natürlich schon auf seine Kräfte. Aber weshalb soll er nicht jemand die Hand feste drücken, wenn der das sogar noch verlangt?

„Warum haben Sie denn eine Woche lang die Schule geschwänzt?"

Tomas stutzte erneut. Diese Information konnte der Arzt
tatsächlich nur aus der Schule haben.

„Ich habe die Schule überhaupt nicht geschwänzt!" Tomas
widersprach energisch. „Ich hatte eine Grippe und hohes
Fieber, und meine Mutter meinte, dass ich für die Woche zu
Hause bleiben soll. Aber danach hat sie mir einfach keine
Entschuldigung geschrieben. Obwohl ich sie mehrmals ge-
fragt habe!"

Dr. Sand war deutlich anzusehen, dass er diesen Worten keinerlei Glauben schenkte. Natürlich nicht! Wer glaubt schon einem vierzehnjährigen Jungen, wenn es um derart sensible
Themen wie das S*chule schwänzen* geht?! Höchstens hätte es
die Mutter, die bereits an der Eingangstür fortgegangen war,
noch bestätigen können. Hm, wie könnte er sonst seine *wahre*
Version noch plausibel machen?

*Instinktiv spürte Tomas, dass der Arzt ihn womöglich, von
Anfang an, als grundsätzlich unglaubwürdig einstufen könnte. (Oder sollte er etwa die **Unwahrheit** sagen, damit ihm ge-*

glaubt wird? Das wäre doch erst recht Unsinn!) Er überlegte verzweifelt: Der Fall schien hoffnungslos zu sein.

„Stimmt es denn, dass Sie zwei Wochen lang nichts gegessen haben?"

Diese Information konnte der Arzt nur von der Mutter haben. Tomas wunderte sich. Wer war für seine Einweisung verantwortlich? Der Arzt konnte seine Informationen zum Teil nur aus der Schule haben, zum anderen Teil nur von der Mutter, aber alles schien merkwürdig durcheinander gewürfelt und unvollständig.

Und? Was sollte er jetzt *dazu* sagen? Schließlich war das ja wenigstens zum Teil richtig! *Heimlich* hatte er zwar schon etwas gegessen, wenn die Mutter es nicht merkte. Aber *das* würde der Arzt ihm sicher auch nicht glauben.

„Ich habe schon gegessen", antwortete Tomas mit ausweichendem Blick, „aber immer nur wenig!"

„Warum nur wenig?"

Sollte er jetzt zugeben, dass er annahm, die Mutter würde ihm Medizin ins Essen rühren, weil es manchmal so komisch danach schmeckte? Dann würde ihn der Arzt erst recht für verrückt halten! Ob die Mutter was ins Essen tat, wusste er ja auch nicht wirklich sicher. Außerdem konnte er selber nicht so recht einen guten Grund angeben, warum er in den vergangenen zwei Wochen nur so wenig gegessen hatte … Auch später nicht: Ein Hilfeschrei? Aus Kummer? Vielleicht wollte er lernen, von seiner Mutter nicht abhängig zu sein? Oder gerade **auf sich aufmerksam** machen?

„Es hat mir oft nicht geschmeckt!" – Der Arzt schaute ihn kritisch an: „Daher sind Sie also so dünn!"

„Ich war schon immer dünn. – Aber, dass ich nicht schwach bin, haben Sie ja sicher gemerkt!" verteidigte sich Tomas. „Ich gehöre zu den Stärksten in meiner Klasse, auch wenn ich dünn bin."

Dem Jungen war klar, dass er durch das wenige Essen in den letzten beiden Wochen tatsächlich ein wenig schwächer geworden war. Dieser Umstand schien ihm aber nicht so wichtig zu sein.

„Was ist jetzt mit meiner Schule?" fragte Tomas besorgt. „Kann ich nicht morgen schon wieder hingehen? Meine Zensuren sind nur mal eben kurz zum Kartoffelholen in den Keller gegangen. Ich habe Angst, was zu versäumen! Und ich möchte *bestimmt nicht* sitzenbleiben!"

„Jetzt bleiben Sie fürs Erste mal hier!" bestimmte der Arzt.

„Wie lange denn?"

Aber das konnte oder wollte der Arzt ihm nicht sagen: „Wir müssen Sie zuerst einmal beobachten!"

*Dr. Sand hatte ihm keine einzige Frage nach irgendwelchen Stimmen gestellt, von Gott, vom Himmel oder sonst woher; im Gegensatz zu dem merkwürdigen kleinen Rumpelmännchen zu Hause im Zimmer. – Dr. Sand stellte diese Frage **jetzt** nicht und **später** auch nicht. Jedenfalls kann sich Tomas nicht daran erinnern …*

* **Anmerkung:** *Es wäre auch möglich, dass es sich bei der Händedruck-Aufforderung lediglich um eine gebräuchliche Untersuchungsmethode des Arztes handelte, um den körperlichen Zustand der Patienten festzustellen. Auf diese Idee kam der Junge nicht.*

Akten-Einsichten

Die sympathische Dame liest Tomas eine Stelle aus seiner Akte vor: „Der Patient war leider erst nach viel Zuspruch und größter Überzeugungskraft bereit, seine Medikamente zu nehmen."

„Wenn Sie das hier jetzt lesen, wie verstehen Sie dann diesen Satz?" wollte Tomas wissen.

„Ja nun …" – ihre Antwort kommt zögernd – „Sie wollten die Medikamente anfangs nicht einnehmen, und mussten erst langsam mit Worten überzeugt werden. Es war *sehr viel* Zuspruch nötig, Sie umzustimmen!"

Aber; diese Anmerkung sei hier einmal gestattet; hier tappt die freundliche Vorstellung der tapferen und netten Dame doch tüchtig im Dunkeln.

„Glauben Sie *das*?" fragt Tomas nun, „Glauben Sie das – *wirklich*?" Die freundliche Dame schaut fragend, und Tomas schüttelt den Kopf: „Nein! *So* war es nicht!"

„Wie war es denn dann?"

„Es war beinah so, wie in einem schlechten Theaterstück!"

‚Obwohl?!' – *Tomas denkt dies nur für sich, sagt es aber nicht laut zu der freundlichen Dame* – ‚An einen *längeren* Zuspruch kann ich mich; streng genommen; ja doch noch erinnern! Und sogar recht genau!'

Stimmen-Theater

Ort: Zelle in einer psychiatrischen Klinik
Personen: 14-jähriger Patient Tomas in weißer Unterhose und -hemd; ein Krankenpfleger mit langen schwarzen Haaren, Kotletten und Schlaghose; von vorne links: neutrale Stimme (weiblich); aus dem Hintergrund: lästernde Stimme oder Stimmen (männlich oder männlich und weiblich)

NEUTRALE STIMME: Es begab sich aber am zweiten Tage, dass ein schwarzhaariger Krankenpfleger das Mittagessen in die Zelle brachte. Als er später das Geschirr wieder abräumte, brachte noch etwas anderes:

LÄSTERSTIMME (laut): *Me-di-ka-mente!*

PFLEGER: Nehmen Sie das, das ist für Sie! (Er zeigt zwei kleine stählerne Becher vor.)

PATIENT: Was ist das?

PFLEGER: Das sind Ihre Medikamente!

PATIENT: Ich brauch' keine Medizin!

PFLEGER: Doch, Sie sind krank, Sie müssen das jetzt nehmen!

PATIENT: Ich bin nicht krank!

PFLEGER: Sie sind krank, Sie hören Stimmen!

PATIENT: Ich höre keine Stimmen!

PFLEGER: Doch, Sie hören Stimmen!

PATIENT: Nein! Ich habe noch *niemals* Stimmen gehört!

PFLEGER: Sie hören Stimmen; das merkt man doch!

PATIENT: Nein! *(Er schüttelt den Kopf.)*

NEUTRALE STIMME: Der Patient schüttelt den Kopf, verzieht das Gesicht.

LÄSTERSTIMME: Sieh da! – Eine verräterische Kopfbewegung!

PFLEGER: *Jetzt* gerade hören Sie sicher auch Stimmen; das kann ich Ihnen ansehen!

PATIENT: Nein, ich hör' wirklich keine Stimmen!

LÄSTERSTIMME *(in einer steigenden Dreiklangtonfolge)*: Nanu!? Keine Stimmen; Stimmen; Stimmen!?

PFLEGER: Doch! Sie hören Stimmen! Nehmen Sie jetzt die Medikamente?

LÄSTERSTIMME *(in einer fallenden Dreiklangtonfolge)*: Also doch Stimmen; Stimmen; Stimmen!

PATIENT: Ich brauche keine Medikamente!

PFLEGER *(eindringlich)*: Sie müssen das jetzt nehmen. Sonst müssen wir Ihnen die Medikamente spritzen! Sie hören Stimmen und Sie brauchen Medikamente!

PATIENT: Woher wollen Sie das denn so genau wissen, ich bin doch erst seit gestern hier.

PFLEGER: Das ist doch alles völlig klar.

NEUTRALE STIMME: Der Pfleger macht nun ein Gesicht, wie wenn man einem Dummen oder Schwerhörigen etwas erklärt.

PFLEGER: Sie wollten sich doch umbringen, indem Sie nichts mehr essen! Wahrscheinlich haben ihre Stimmen Ihnen befohlen, sich umzubringen. Und wer sich selber umbringen will, der ist in sich gespalten, das nennt man auch schizophren!

PATIENT: Das ist doch alles blanker Unsinn!! Ich habe doch überhaupt nicht die Absicht, mich umzubringen. So 'was würde ich niemals tun! Und außerdem habe ich doch jetzt gerade was gegessen, noch vor wenigen Minuten! Ich hab doch auch meinen Teller leer gegessen!

LÄSTERSTIMME: Ha! Der Patient versucht, abzuwiegeln!

PFLEGER: Also, Sie sind krank! Sie befinden sich hier auf einer Station für die schwersten Fälle in der ganzen Anstalt!

NEUTRALE STIMME: Der Pfleger setzt nun sein Erklär-Gesicht wieder auf.

LÄSTERSTIMME (*antwortet Ihr*): Hat der eine Engelsge-duld. (*zu sich*): Hat *der* eine *Engelsgeduld*! (*Laut, für die Allgemeinheit*): Hat der Pfleger eine *Engelsgeduld*!

PFLEGER: … und Sie sitzen dazu sogar noch in einem Stübchen. Denken Sie doch mal darüber nach! Glauben Sie vielleicht, Sie sind umsonst hier?! Die Ärzte wissen schließlich auch, was sie tun! Ich weiß genau, weswegen Sie hier sind! Sie sind schizophren, hören Stimmen und wollten sich umbringen, und deshalb sind Sie hier.

PATIENT (*trotzig*): Ich bin nur hier im Stübchen, weil ich nicht im großen Saal schlafen wollte.

NEUTRALE STIMME: Der Pfleger sieht den Patienten sehr überrascht und ungläubig an.

LÄSTERSTIMME: Wirklich seltsam, was manche Patienten sich so einreden!

PFLEGER: Da sehen Sie mal, wie krank Sie schon sind. Das reimen Sie sich jetzt alles nur zusammen. Was Sie da jetzt erzählen, das kann einfach nicht stimmen! Ohne einen Grund kommt **hier** niemand rein! – Schon gar nicht, weil er nicht im großen Saal schlafen möchte!

LÄSTERSTIMME: Ja, wirklich seltsam, was manche Patienten sich so vormachen …

NEUTRALE STIMME (*nachdenklich*): Seltsam, seltsam!

PATIENT: Ich bin nur hier, weil ich nicht im großen Saal schlafen wollte, und ich höre keine Stimmen.

PFLEGER: Sie *hören* Stimmen!

LÄSTERSTIMME: Ein Pfleger behält immer das *letzte* Wort! Glaub' mir!

NEUTRALE STIMME: Ein Pfleger behält *immer* das letzte Wort!

PFLEGER: Also, wollen sie *das* jetzt nehmen? *(Die Augen deuten auf den Medizinbecher in seiner Hand. Dann geht sein Blick wieder zurück auf den Patienten.)*

PATIENT: Ich bin nicht krank, höre keine Stimmen – und ich brauche **das** nicht.

NEUTRALE STIMME: Auch die Engelsgeduld des Pflegers ist nun am Ende. Bei diesem Patienten fruchten offenbar alle Erklärungen nicht.

PFLEGER: Also müssen wir spritzen!

DIE NEUTRALE- UND DIE LÄSTERSTIMME *(gemeinsam im Singsang)*: Also, müssen wir spritzen! Also, müssen wir spritzen! Also, müssen wir spritzen!

NEUTRALE STIMME: Das Gesicht des Pflegers wird hart. Er lässt den Patienten stehen und schließt die Tür hinter sich.

*(Eine halbe Minute: **Stille**. Patient schaut ängstlich. Die beiden Stimmen bzw. die Personen, werden sichtbar. Sie tragen Masken und schauen sich um. Der Patient hört und sieht sie nicht.)*

NEUTRALE STIMME *(langsam, mit kleinen Pausen)*:
Aufgeregt läuft der Patient in der engen Zelle umher. Er hat das Bedürfnis, etwas gegen die Spritze, die ihn erwartet, zu tun. Doch welche Möglichkeiten hat er hier? Das Gefühl, etwas tun zu wollen, aber nicht zu können, lässt ihn noch aufgeregter umherlaufen. – Schließlich legt er die Matratze vor die Tür. Ein schwacher Schutz! In seiner Angst lässt er außer Acht, dass sich die Tür nach außen öffnen lässt; und dass daher die Matratze ohnehin völlig nutzlos ist …

Dann steht er da, mit dem Rücken an der Wand, die Augen angstgeweitet auf die Tür geheftet.

LÄSTERSTIMME *(neutral)*: Der Patient Tomas Graben wartet nun still auf die Dinge, die durch diese Tür kommen werden.

Ein Zuspruch mit großer „Überzeugungskraft"!

Aus einer Aktennotiz:

Der Patient war leider erst nach viel Zuspruch und größter Überzeugungskraft bereit, seine Medikamente zu nehmen.

Nach einer sehr lange währenden halben Stunde öffnete der schwarzhaarige Kotelettenträger die stählerne Tür.

Amüsiert blickte der hochgewachsene Mann auf die Matratze hinunter, die ihm entgegen gefallen war, und jetzt, als nutzloses Hindernis, im Türrahmen lag. Mit zwei langen Schritten und einem breiten Schmunzeln stieg er über sie hinweg. Nach ihm betraten weitere Männer die Zelle des Unbelehrbaren. Des kranken, uneinsichtigen, widerborstigen Patienten. Des unvernünftigen Medikamenten-Verweigerers: Des Jungen.

Trotz seiner Angst zählte er die Männer: *Es waren sieben!* Wenigstens fünfe entsprachen der alten Klischeevorstellung, bevorzugtes Einstellungs-Kriterium für Irrenwärter sei die Statur. Lediglich einer war klein und schmächtig, mit großem Abstand zu den anderen.

Der Kampf gestaltete sich ungleich und war ziemlich kurz. Tomas schubste den schmächtigen Pfleger auf die weiche Matratze. Doch ein anderer Kerl packte seinen Arm. Der Junge riss sich los. Jetzt stürmen alle auf ihn ein und werfen ihn zu Boden. Drehen ihn auf den Bauch. Ein blonder, fettleibiger Mann hält seinen Kopf umschlungen und drückt eifrig zu. Vier weitere Männer halten Arme und Beine. Ein sechster zieht den Schlüpfer herunter und setzt sich schwergewichtig auf ihn, und der Mann mit den schwarzen Koteletten lässt nun mit allergrößter Überredungskunst die Nadel sprechen und drückt – Nein, ejakuliert! – den milchigen Spritzen-Inhalt in die nackte Pobacke. Ihre Arbeitsteilung ist ohne Mangel, geübt und perfekt. Sie lässt sich keineswegs beanstanden. Dann lassen sie ihn liegen. Verschwinden schneller, als sie gekommen sind.

NEUTRALE STIMME *(redet zur Lästerstimme)*: Stell dir zum Jux vor, *der* hört gar keine Stimmen!
LÄSTERSTIMME: **Hä, hä, hä, hä, hä!**

Als sie mit ihm fertig waren, und mit ihrer Gewalt, ließen sie ihn liegen. Der Versuch, auf die Beine zu kommen, scheiterte; sie zitterten noch zu stark.

Erschöpft kniete der Junge auf dem Boden, stützte sich mit den Händen ab. Der Schlüpfer schlackerte ihm noch um die Unterschenkel. Er atmete heftig.

Ein Gefühl des absoluten Ausgeliefertseins überkam ihn. Wie nach einer Vergewaltigung. *(Und schließlich war es nichts anderes, als eine tatsächliche Vergewaltigung, – wenn auch eine mit Medikamenten.)*

Dann passierte ihm etwas Ähnliches, wie manchen wehrlosen Soldaten, (etwa in einem vom Feind eroberten Schützengraben), wenn sie ahnen, dass sie gleich sterben müssen:

Das Herz – bis zum Halse.
Der Puls – durch den ganzen Körper.
Stoßweise, im Rhythmus des Pulsschlages,
floss Sperma aus einem schlaffen Glied.
Es entleerte sich auf den Fußboden.

Er war froh, dass die Pfleger es nicht mehr sehen konnten. Bestimmt hätten sie sonst gelacht und behauptet: *Ihre Gewalt hätte ihm auch noch Spaß gemacht!*

LÄSTERSTIMME *(neutral geschäftsmäßig)*:
Dieser Umstand einer (ge)nötig(t)en Zwangs-Injektion ließ den Patienten nicht unbeeindruckt, sodass er demnächst so vernünftig war, die, oral verabreichte, dringend erforderliche Medikation zu akzeptierten.
NEUTRALE STIMME *(mit mehr Gefühl; erst munter, am Ende überrascht und entsetzt)*:
In der Praxis schluckte er die Tropfen, welche 3-mal täglich in einem kleinen Stahlbecher serviert wurden, widerwillig hinunter, während er die ‚Sättigungs-Beilage' von 2 kleinen weißen Tabletten trotzig verschmähte, indem er sie vorläufig unter der Zunge beließ, um sie später auszuspucken und auf dem Zellenboden zu zerreiben.

Akten-Einsichten

„Da sind also sieben Männer in meine Zelle gekommen. Sie haben mich auf den Boden geworfen und festgehalten. An jedem Bein und Arm einer und dann noch einer den Kopf. Der hat mich fest in den Schwitzkasten genommen und mir die Luft abgedrückt. Einer hat sich noch auf mich gesetzt. Und ich glaube der letzte, der mit der Spritze, hat mir erst noch den Schlüpfer runter gezogen ..."

„Jetzt verstehe ich auch, wie es gemeint ist und was es heißt, wenn da steht, mit großer Überzeugungskraft und viel Zuspruch." Die freundliche Dame nickt Tomas zu. „Sie haben es mir gesagt!" – Tomas Blick weicht aus, und wandert für zwei, drei Sekunden nachdenklich über den Boden.

„Und – wie war es für Sie *danach* in der Zelle?" möchte sie wissen.

Da schaut Tomas hoch und der freundlichen Dame wieder ins Gesicht: „Man versucht, sich von seiner Angst abzulenken, so gut man kann!"

Gefangene Gefühle

Vier weiße Wände.

Vier schmutzigweiße Wände! Wie sollte er es nur ertragen?

Der Junge stand auf und ging im Kreis. Drei Tage ist er nun hier.

Erst drei Tage! – Ob man sich daran gewöhnen kann?

Er blieb am Fenster stehen. Die unteren Scheiben waren, bis über Kopfhöhe, weiß getüncht. Nur die oberen gestatteten den Blick hinaus, genau auf den Wipfel einer Birke.

Er stellte sich auf Zehenspitzen.

Draußen war Frühling, April; laufend änderte sich das Wetter. Es hatte erst geregnet, dann geschneit, und der nasse Schnee blieb an den Ästen kleben. Nun schien die Sonne wieder, sie glitzerte in den weißen Zweigen. Allmählich schmolz der Schnee und es tropfte von den Ästen.

Alles das nahm der Junge mit ungewohnter Intensität wahr. Er empfand eine unsinnige Dankbarkeit für den Baum; der wenigstens meinte es gut mit ihm. Es ist, als ob der Baum seine Not kennt und sich besondere Mühe geben will, ihm Abwechslung zu geben. Mal zeigt er sich mit hellen grünsprießenden Blättern, mal in leuchtendem Weiß.

Wie gerne würde er jetzt auch da draußen sein, durch die Wälder laufen und sehen, wie aus den Knospen Blätter werden. Es ist wohl meistens so, dass man Dinge besonders vermisst, wenn man keine Gelegenheit hat, sie zu bekommen.

Der Junge löste den Blick vom Baum und ging weiter im Kreis umher. Irgendwann wurde die Tür aufgeschlossen.

Ein, ihm unbekannter, fülliger Mann stellte sich übermäßig breitbeinig im Türrahmen auf.

„Guten Tag, Herr Graben!"

„Tag."

„Ich bringe Ihnen gleich ihr Essen. Wenn ich schon mal da bin, lasse ich Sie auf die Toilette; dann können Sie auch gleich Ihren Kübel leeren!"

„Ich?" fragte der Junge ein wenig verwundert. Bisher hatte er den Kübel nie selber geleert.

„Sie haben ihn doch schließlich auch benutzt, oder nicht? Vielleicht soll *ich* Ihre Scheiße wegmachen!?"

„Nein!" sagte der Junge.

„Wissen Sie, wo die Toilette ist?"

„Ja", sagte der Junge und griff nach dem Kübel.

„Und spülen Sie ihn am Becken aus!"

Der Junge trug den Gummikübel über den Flur zur Toilette. Er schüttete dessen Inhalt ins Klo, spülte den Kübel mehrmals aus und wischte ihn gewissenhaft mit Papier sauber, bis er schwarz glänzte; für ihn war es eine Aufgabe, etwas, dass er nach langer Untätigkeit tun durfte!

Anschließend brachte er den Kübel zurück, und stellte ihn, wie gehabt, in die Ecke. Auf dem Fußboden stand bereits ein Teller Suppe, nun kaum einen Meter vom Kübel entfernt. Der Junge setzte sich auf die Matratze, blickte vom Teller auf den Kübel und vom Kübel auf den Teller, zog den Teller ein Stückchen vom Kübel fort – und begann zu essen.

Etwas später holte der Mann den leeren Teller: „Wieso lauft ihr eigentlich immer im Kreis umher, seid ihr denn alle nervös?"

„Man muss sich bewegen", sagte der Junge.

„Ihr Nachbar macht das genauso. Ich beobachte euch nämlich, heimlich, durch den Spion; das merkt ihr gar nicht. Ich mache das nicht so, wie die anderen, die lassen ihn einfach wieder zufallen. Ich öffne ihn jedes Mal ganz leise und vorsichtig, und mache ihn genauso leise wieder zu. Ihr läuft herum wie die Tiger im Käfig. Warum setzt ihr euch nicht, versteh' ich nicht?!"

Der Junge blickte dem Mann ins Gesicht und sagte nichts. Wenn der einen Tag hier drin wäre, dachte er, der würde genauso rennen.

Vor drei Tagen hatte er es ja auch noch unterschätzt, ja auch noch nicht geahnt, wie es ist, hier zu sein, wie es ist, nichts als weiße Wände zu sehen. Hatte sogar zuerst noch 'ne große Klappe gehabt und ein paar Witze gemacht.

Doch schon bald begann die reizarme Umgebung auf ihn zu wirken. Bereits in den ersten Stunden überkam ihn das Gefühl, kleiner und kleiner zu werden. Sehr schnell waren alles Selbstbewusstsein, alle Witzigkeit und die große Klappe verschwunden. Nun verstand der Junge selbst nicht mehr, wieso jemand das nicht verstehen konnte; doch wie sollte er es erklären?

„Am Boden stinkt es ziemlich, ich muss mich jedes Mal erst überwinden, wenn ich mich hinlege."

„Dass ihr auch immer so jung hier reinkommt! Ihr Nebenmann wird erst siebzehn. Ich glaube, Sie sind aber noch jünger; wie alt sind Sie?"

„Vierzehn", antwortete der Junge.

„Ich glaube fast, Sie laufen noch mehr als alle anderen hier. Werden Sie überhaupt nicht müde? Sie laufen ja bestimmt 30 Kilometer am Tag. Wozu haben Sie denn ihre Matratze? Setzen Sie sich hin!"

Der Junge antwortete nicht.

„Ich lasse mal die Tür auf; aber nicht hinauslaufen!"

Der Junge war überrascht. Er starrte auf die Tür. Sie blieb tatsächlich offen. Und diese Veränderung des Raumes machte ihn sonderbar unsicher: Verstieß sowas nicht gegen sämtliche Vorschriften? Und was sollte es bewirken? Wollte der ‚Dicke' ihm damit helfen? – Aber wie sollte es einem helfen, wenn man ja doch nicht raus durfte?

Bloß Mitleid alleine hilft nicht, dachte der Junge weiter, wer helfen will, muss auch das Richtige tun!

Wenigstens war der ‚Dicke' netter als die anderen, und drohte nicht ständig, wie der ‚schwarze Mann' mit den langen Koteletten.

Aber halt! Die offene Tür war die Gelegenheit, mehr zu sehen, als immer nur auf weiße Wände.

Er wusste natürlich, was es da draußen zu sehen gab. Aber einen Moment lang versuchte der Junge die Erinnerungen aus dem Kopf zu drängen; er wollte etwas Neues, Überraschendes entdecken können, er wollte das Gefühl bekommen, es zum ersten Mal zu sehen. – Erst dann streckte er zögernd den Kopf aus der Tür und sah sich um.

Zwei Augenblicke später zog er den Kopf wieder zurück.

Er hatte einen Flur gesehen, der düster war, grau, und sehr eintönig, und Türen … die Türen waren alle verschlossen, das wusste er … da war nichts, was ihn ablenken konnte, nichts Schönes, nichts was er sehen wollte …

Sofort suchten seine Augen wieder den Baum; diesen einzigen Flecken Farbe, den es hier gab.

Der Baum und immer wieder der Baum! Wie oft hatte er heute wohl schon hinübergeschaut? Vielleicht hundertmal, vielleicht mehr. Was würde er bloß ohne ihn tun?

Der Junge stellte sich ans Fenster:

Was haben sie sich dabei gedacht, die Scheiben unten weiß anzumalen? Soll niemand hinaus oder niemand hinein sehen können? Wären die Scheiben frei, könnte er den ganzen Garten sehen, die grüne Wiese, vielleicht sogar ein Stück Wald.

Dann fing er an hochzuspringen.

Mehr wollte er sehen, mehr! von seinem Baum: Er braucht dessen Farbe, dessen Grün, will es in sich aufsaugen.

Er springt aus voller Kraft. Versucht bei jedem Sprung, noch ein Stückchen höher zu kommen, und springt, springt, springt.

Nach einer Weile bemerkte er, dass er mehr von dem Baum sehen konnte, wenn er weiter vom Fenster entfernt hochsprang: Ja, fast die Hälfte des Baumes konnte er auf diese Weise sehen.

Doch nun schluckten die schmutzigen Scheiben auch mehr von der grünen Farbe!

Nein, das darf nicht sein! Grün soll er sein, sein Baum. Grün will er ihn sehen, ganz grün, auch wenn ihm dann ein Stück seiner Länge verloren geht, so stellt er sich wieder näher heran, dicht an das Fenster und springt.

Unvermittelt hält er inne. Geht wiederum zur Tür und sieht hinaus. Lauscht einen Moment: Niemand wird ihn sehen.

Auf Zehenspitzen schleicht er über den Flur, um sich blickend und lauschend. Bleibt dann kurz stehen, schaut vorsichtig um die Ecke in einen kurzen Gang. Richtig, da liegen immer noch Hemd und Hose über dem Stuhl, genauso wie er sie vor drei Tagen hinterlassen hat.

Schnell zog er den Gürtel aus seiner Hose und rannte in die Zelle zurück.

Bei der Akteneinsicht

„Was für ein Umfeld hatten Sie eigentlich? Wie würden Sie selber Ihre damaligen Probleme beschreiben?" fragt die freundliche Therapeutin.

„Wenn man mir diese Frage damals so gestellt hätte, hätte ich wohl gesagt, dass ich Kummer habe! Ich hatte Kummer mit meinem Lehrer und mit meiner Mutter, und ich fühlte mich, zwischen ihm und ihr, immer wie in die Zange genommen. – Ich habe damals gedacht und nehme heute noch an, dass sie sich gegenseitig nicht leiden konnten und ihre Ablehnung und ihren Streit auf *meinem* Rücken austrugen."

Ein neuer Deutschlehrer

Zum Jahreswechsel hatte Tomas einen neuen Klassenlehrer bekommen, Herrn Kimme, der sich, von seinen anderen Lehrern, in mindestens zwei Eigenschaften unterschied. Er erzählte mehr Witze, und: Er war viel lauter. Seine Stimme war immer besonders kräftig, und dabei war es ganz egal, ob er einen Witz erzählte oder einen Schüler anbrüllte.

Tomas hätte die vielen Witze und Sprüche nicht als tragisch empfunden, wäre nicht ein keineswegs geringer Prozentsatz auf seine Kosten gegangen. Denn Herr Kimme fand immer etwas, was er an ihm aussetzen und bewitzeln konnte. *Diese* Frisur, schon wieder *das* Hemd, die *alte* Schultasche, und allein schon die *Art*, wie Tomas im Unterricht auf seinem Stuhl dasaß, der für ihn mittlerweile viel zu klein war: Der lauten Stimme schien alles an ihm nicht zu passen. Als Tomas vormaliger Klassenlehrer, der Herr Stiller, einmal Herrn Kimme im Unterricht vertrat, und die Stunde mit normallauter Stimme leitete, ganz ohne Drangsalierungen, empfand es Tomas wie eine regelrechte Erholung.

Ebenso wie Herr Kimme für Tomas Empfindungen zu laut war, war Tomas seinem neuen Klassenlehrer offenbar viel zu still und viel zu ruhig.

„Du wirst später nicht viel werden!" prophezeite ihm Herr Kimme. „Höchstens Probeschläfer für 'ne Matratzenfirma!"

Tomas erinnerte sich noch gut, wie es im letzten Schuljahr gewesen war, als Herr Stiller für einen Tag kränkelte und von Herrn Kimme im Unterricht vertreten wurde. Herr Kimme nutzte die Gelegenheit der Vertretungsstunde für einen seiner berühmten Auftritte.
Die Vorstellung begann mit einigen Witzen, dann wurde es ein wenig dramatisch: Herr Kimme spielte den wilden Mann und schlug mit dem Rohrstock donnernd auf Tische, Schul-

tafel und andere leb- und wehrlose Objekte ein. – Nach dem Pausenklingeln begann der letzte Akt. Der Lehrer verabschiedete den größeren Teil der Schüler, bevorzugt die Mädchen, mit einem scherzhaften Rohrstockklaps auf den Podex.

Nur an den langaufgeschossenen Schüler Tomas, den einzigen der Klasse, dessen Scheitel, wenn auch sehr knapp, die Lehrerhöhe überragte, schien sich der stockschwingende Herr Kimme nicht recht heranzutrauen. Er warf ihm sogar einen ängstlich wirkenden Blick zu. Erst als alle anderen Schüler verabschiedet waren, holte er doch noch zu einem leichten, aber zielgerichteten Schlag auf Tomas verlängerten Rücken aus. Aber Tomas lachte, und fing den Rohrstock mit der Hand ab.

*

Tomas Mutter war eher klein und still – also ungefähr das glatte Gegenteil vom großen, lauten, bärbeißigen Herrn Kimme. Ihre Eigenart war es, vieles in sich hineinzufressen. Sie äußerte sich meist nicht laut und am liebsten gar nicht. Tomas wurde höchst selten über ihre Pläne informiert, auch wenn diese ihn ganz unmittelbar betrafen.

Lehrer, Mutter, Schüler – Hund, Katz und Maus?

„Ich habe den ganzen Nachmittag Zeit, dir zu helfen, aber dann fragst du mich nie!"

Die Mutter versuchte sogar, Tomas festzuhalten, aber er riss sich los: „Das geht *jetzt* nicht, ich muss doch zur Schule! Es ist gleich zehn vor acht, ich bin sowieso schon spät dran, wenn ich dir *jetzt* noch helfe, komm' ich wirklich zu spät!"

Doch nun schaute die Mutter erst richtig beleidigt: „*Ich* bin doch wohl wichtiger als die Schule!"

„Unser Klassenlehrer sagt auch immer, dass wir pünktlich sein sollen!"

„Ach, was *der* schon sagt!"

Dieses „der" klang sehr verächtlich. Es klang, als ob die Mutter den neuen Klassenlehrer gut kennen würde, aber überhaupt nicht leiden könne.

Die Mutter mochte keine lauten, angeberischen Männer, wie den Herrn Kimme. Wenn sie einen solchen antraf, äußerte sie sich anschließend meist sehr negativ über ihn. Manchmal sagte sie, dass diese Kerle, an ihrer Stelle – sie war im Krieg bei der Feuerwehr und musste Brandbomben löschen, die ihr manchmal fast auf den Kopf fielen –, sich sicher ganz tapfer in die Hosen gemacht hätten.

Insgeheim überlegte Tomas, ob die Mutter vielleicht Streit mit Herrn Kimme hatte. Einen Streit über seinen Kopf hinweg. War nicht vor gerade sechs Wochen Elternabend gewesen?

Sehr viel später wird Tomas lesen, dass die Mutter gesagt hatte, der Lehrer habe ihr gegenüber geäußert, er würde ihn zum Schuljahresende sitzenbleiben lassen.

*

Von Woche zu Woche hatte die Mutter versprochen, ihm nächste Woche ein anderes Hemd zu geben. Sie wusch das Hemd am Wochenende. Und jeden Montag musste Tomas es frisch wieder anziehen: Bereits seit sieben Wochen mit ein- und demselben Hemd in die Schule gegangen! Das war so lange, wie niemals zuvor.

„Mein Lehrer hat sich heute schon wieder beschwert, weil ich immer das gleiche Hemd anhabe. Er hat gesagt, es müsste vor Dreck schon stehen!"

„Ach, was *der* schon sagt!"

Womöglich wären seine Chancen auf ein neues Hemd gestiegen, wenn er die Mutter nicht ständig an Herrn Kimme erinnert hätte? Gefiel ihr nicht, dass er es dem Lehrer recht machen wollte? – Mehr als ihr?

Er hatte starkes Halsweh und hohe Temperatur gehabt, fast 39 Grad, und die Mutter hatte freundlich genickt und selbst gesagt, er solle diese Woche lieber zu Hause bleiben.

Doch als er sie für nächsten Montag um eine Entschuldigung bat, reagierte sie geradezu unwirsch: „Ich habe keine Zeit! – Heute nicht!"

„Herr Kimme sagt auch immer, dass wir, von jetzt an, bereits am *ersten* Tag eine Entschuldigung vorlegen müssen! Das wäre die neue Regel!"

„Ach, was *der* schon sagt!"

In der Schule musste er der Klassensprecherin einen Korb geben, als sie ihn nach seiner Entschuldigung fragte. „Nein, ich habe leider keine!" Er schüttelte den Kopf und sie schaute verwundert und betreten. Hätte er sich etwa selbst eine schreiben sollen?

Nach zwei Tagen hatte er die Mutter nochmals gefragt, mit genau derselben widerwilligen Reaktion. „Jetzt nicht, ich habe heute keine Zeit!" Aber *was* die Mutter gerade so Dringendes vorhatte, verstand er nicht. Zuvor hatte er nie Probleme gehabt, ein Entschuldigungsschreiben pünktlich zu bekommen!

Die Mutter war doch ‚Groß'! Erwachsen! Sie wusste doch, von ganz alleine, dass er Grippekrank gewesen war, ihre Entschuldigung brauchte, und Schwierigkeiten kriegen würde, wenn sie ihm keine gab.

Doch er wartete vergeblich, selbst nach über einem Monat. Hätte er betteln oder schimpfen sollen?

Herr Kimme hatte sich vor der Klasse offen über Tomas Frisur beschwert. Doch als Tomas die Mutter um Geld für den Friseur bat, weil der Lehrer ihn mitunter wegen der Haare trieze, hatte sie keins. Sonst war sie immer darauf bedacht gewesen, dass seine Haare nicht bis an die Ohren stießen. In seiner Not versuchte er, sich selber die Haare zu schneiden.

*

Tomas war vor den Nicklichkeiten mit der Mutter geflüchtet und hatte sich in einem leergeräumten Keller eingeschlossen. Er hatte sich, in dem weißgrauen Raum, auf einen Stuhl gesetzt und ein wenig traurig über alles nachgedacht. Eine halbe Stunde verbrachte er so und las auch in seiner Bibel. Plötzlich klopfte es laut: „Aufmachen! Polizei!"

Tomas schloss die Tür auf. Draußen zwei Beamte in grüner Uniform: „Was machen Sie hier?!"

„Gar nichts!" antwortete Tomas. „Ich wollte nur *alleine* sein …"

Wozu hatte man die Polizei gerufen? Wer hatte das denn getan? Er wollte doch nur *in Ruhe* einmal über alles nachdenken.

*

Tomas setzte sich der Mutter gegenüber an den Mittagstisch. Am Vormittag war zudem die Tante, ihre jüngere Schwester, auf einen seltenen Besuch gekommen. Sie übernahm heute das Tischgebet. Nachdem Tomas vom Eintopf probiert hatte, verzog er das Gesicht. „Das kann man wirklich nicht essen! Das schmeckt *total* nach Medizin!"

Er sprang vom Tisch auf und ließ das Essen stehen.

Schon in den Wochen zuvor hatte ihm das Mittagessen oft merkwürdig geschmeckt, – aber noch nie so sehr wie heute. Ob die Mutter ihm was ins Essen rührte?

… manchmal war er in der Schule sonderbar müde, und einmal spürte er eine unbekannte Angst, die er sich nicht erklären konnte …

Ein Duell

»Nichts ist verrückter, als eine Welt, die
auf Verrückte reagiert!«
           Der Verfasser ist dem Autor unbekannt.

Morgentoilette: vor der Zelle, über dem alten vergilbten Waschbecken im Flur. Ein blonder Pfleger trat jovial auf den Patienten Tomas G. zu, und meinte mit wohlwollendem Sprechton: „So, ich kämme Sie jetzt. Sie sehen fürchterlich unordentlich aus." Er zog einen großen Kamm aus der Hosentasche.

Aber der Patient hatte sich bislang immer selbständig gekämmt. Und er hatte die Absicht, dies auch weiterhin zu tun: „Ich kann mich auch *alleine* kämmen!"

„Ich kämme *jeden* hier auf der Station – also auch *Sie*!"

Doch der junge Patient fühlte sich nicht mehr als Kind, und mochte partout nicht. So entstand eine kleine Rangelei, eine Art Zweikampf, ein kleines Duell: *Pfleger versucht, einen störrischen Patienten zu kämmen – der Patient wehrt mit beiden Händen ab.*

„Hast du *soo was* schon mal gesehen?" fragte der pflichtbewusste Pfleger einen am Zweikampf unbeteiligten Kollegen. Gemeinsam schüttelten sie die Köpfe über so viel Widerborstigkeit.

Dieser Zweikampf zwischen Pfleger und Patienten endete in etwa unentschieden. Keiner erreichte, was er wollte. Niemand wurde ernstlich verletzt.

... weitere gefangene Gefühle

Am späten Abend schauten noch zwei Männer in Tomas' Zelle. Beide führten übergroße Taschenlampen mit, die sie als Nachtwachen auswiesen.

Sie waren gut aufgelegt: Ihre Arbeit konnte beginnen!

Sie hatten seinen Zellennachbarn Daniel bei sich. Tomas sah ihn zum ersten Mal. Daniel war hager, dunkelblond, und obwohl fast drei Jahre älter, nämlich siebzehn, einen halben Kopf kleiner.

Sie ließen ihre beiden Patienten noch schnell mal zum Klo. Einer leuchtete anschließend dem Zellennachbarn in die Augen: „Lass mal sehen Daniel, ob du noch Reflexe hast?!"

Daniel grinste: „Und?"

Der eine stellte eine Schnelldiagnose: „Bei *dir* ist nichts mehr zu machen, da ist schon alles tot!" Und Daniel grinste schon wieder. Die Männer lachten und schlossen die Zellentüren zu. Dann löschten sie von draußen das Licht.

Der Junge kniete sich vor die Tür und presste ein Ohr an sie. Ihre Schritte entfernten sich, wurden leiser. Er versuchte, sie zu zählen … 19, 20, 21, … nervös verzählte er sich. Dreißig Schritte könnten es jetzt sein. Sie müssen gleich oben am Ende des Gangs ankommen und um die Ecke biegen. Nun war nichts mehr zu hören.

Der Junge wartete noch fünf Minuten. Als er sich sicher fühlte, zog er seinen Gürtel unter der Matratze hervor. Mit den Fingernägeln krallte er unter die Befestigung der Gürtelschnalle, öffnete sie – es ging nicht leicht – und zog die Schnalle vom Gürtel ab.

Er hatte reichlich Zeit gehabt, sich mit der Anatomie des Fensters vertraut zu machen. Es bestand aus zwanzig kleinen, schlagfesten Scheiben, welche von breiten Stahlleisten gehalten wurden. Die Stahlleisten waren wiederum mit zahlreichen kleinen Schrauben befestigt. Und auf diese Schrauben hatte er es abgesehen. Mit der Gürtelschnalle kratzte er die Farbe über einer Schraube ab. – Gut, dass hier, die ganze Nacht über, ein gelbliches Glimmerlicht brannte! Sonst störte ihn das schwache Licht, schräg über dem Fenster, beim Einschlafen, nun sollte es ihm helfen. Der Schimmer reichte eben aus, um die Schrauben zu erkennen.

Probieren die Schnalle in einen Schraubenschlitz zu stecken ... Fest draufdrücken ... Jetzt drehen ... Es rutscht ab! Noch einmal ... Nein! Geht nicht! Noch mal von vorn auf einmal sind da Geräusche, Schritte, dann ein metallisches Klacken: Der Spion wird geöffnet!

Den Jungen *reißt* es herum. Er starrt in den offenen Spion, wie zu einem Feind. Schnell die Schnalle in die Unterhose!

Die dicke Stahltür öffnet sich langsam, vom dunklen Flur leuchtet eine Taschenlampe herein. Ihr Schein fällt auf den Gürtel, der jetzt mitten in der Zelle auf dem Boden liegt.

„Nanu, was ist das denn?"

Dem Lichtkegel folgt eine nächtliche Gestalt. Sie hebt den Gürtel auf. „Da fehlt die Schnalle."

Die Gestalt kommt näher. „Wo ist die Schnalle?"

Das Gesicht des Jungen wird zu einer ausdruckslosen Maske. Die Taschenlampe leuchtet grell ins verschlossene Gesicht. Nun verschließen sich auch die Augen.

Und lauter, schärfer und fordernder fragt die Stimme:

„*Wo* ist die Schnalle?!"

Dann ruft die Stimme schallend:

„ *Woo – ist die Schnalle*?!!"

Ärgerlich ging die Nachtwache wieder. Klackend schob sich der Riegel ins Schloss.

Den Jungen wunderte, dass die Nachtwache unterlassen hatte, ihn und die Zelle gründlich zu untersuchen. Auf alle zum Selbstmord tauglichen Gegenstände wurde besonders geachtet, und seine Schnalle hatte eine scharfe, sägenartige Befestigung, mit der man sich sehr leicht den Puls aufschneiden könnte. Er stellte es sich vor:

Sie sollen alle erschrecken ... Er wird es ihnen zeigen ... Eine Gänsehaut sollen sie kriegen! Überall würde Blut hinspritzen. Bis fast oben an die Decke. Und er will es ihnen blutrot und groß an die Wände schreiben: ENDLICH FARBE *würde er schreiben. An **allen vier Wänden** sollte **das** stehen. Endlich ... endlich ... **Farbe!***

***Kotzen** sollen sie! Wenn sie ihn morgen finden ... Ja! Der ,Dicke' soll **schreien,** wenn er morgen früh wieder durch den Spion linst – und rückwärts aus der Zelle wieder rausrennen!*

Er bekam einen Schrecken vor den eigenen Gedanken.

Nein! **Das war es nicht, was er wollte.** Er wollte doch leben, draußen sein, laufen, die Luft atmen, frei sein. Einfach nur **Raus!** wollte er und draußen im Garten den Baum anfassen.

Er horchte noch mal an der Tür. Die Nachtwache kam nicht mehr! So nahm er die begonnene Arbeit wieder auf.

Er kratzte ... steckte die Gürtelschnalle in den Schlitz, versuchte zu drehen ... kratzte die Farbe gründlicher heraus ... noch mal drehen, mehr drücken ... fester, noch fester! – Es ging nicht! Vielleicht hat ja die nächste Schraube einen breiteren Schlitz? Er kratzte ... kratzte gründlicher! Und wieder nichts!

Dass es zwecklos war, wusste er jetzt. Das Schnallen-Blech war als Schraubenzieher einfach zu dick!

Und alle Schrauben sind mit Farbe festgeklebt; und eine würde ja nichts nützen, viele Schrauben müssen heraus für eine Leiste, und das Fenster hat viele Leisten.

Nein, er konnte gar nichts tun!

So weit er in seinem jungen Leben auch zurückdachte, immer hatte es eine Möglichkeit gegeben, schlimme Dinge abzuwenden oder wenigstens zu mildern. Aber jetzt bekam er das Gefühl, *nichts* und wirklich *nichts* tun zu können. Er konnte sich *nicht* wehren und er konnte *nicht* fliehen. Und der Wunsch *etwas* tun zu können, **irgendetwas,** wurde schier unermesslich. Seinem Wollen entsprang ein Gefühl: Ein Berg aus Gefühl, der über-ihn-mächtig war und stärker als alle Vernunft.

Eigenartiges geschah nun mit dem Jungen: Er konnte mit

dem Kratzen nicht mehr aufhören. Alles in ihm: nur *ein* Wunsch, *ein* Gefühl, *ein* inneres Pochen! Er kratzte über der nächsten Schraube, der übernächsten. Der über-, über- und übernächsten! Mit diesem Gebirge aus Gefühl, das kein Aufhören mehr zuließ. Das ihn immer weiter machen ließ.

Auch eine gänzlich unbekannte Erfahrung. Immer, wenn er in einer Sache keinen Sinn mehr sehen konnte, hatte er umgehend damit aufgehört ...

Es ist Wahnsinn, mit *Wissen* etwas ganz *Sinnloses* zu tun, dachte er, es ist **verrückt**! Nun war er in der Tat wahnsinnig geworden!

Die Nacht draußen ist still und sehr friedlich. Wäre die Nacht nur nicht so still! Kein Geräusch dringt herein. In der Zelle ist nichts zu hören, fast nichts, nur ein Herz, das heftig in die Ohren pocht und ein leises kratzendes Geräusch.

Ja, es ist ein anhaltendes, sehr leises, so sinnloses, ohnmächtiges, unwiderstehliches Kratzen. Nein, es will und will einfach nicht enden.

*

Immer noch hielt das Kratzen den Jungen, so fest wie in einer Zwangsjacke, gefangen! Sein Zeitgefühl hatte er verloren. Er hatte die Farbe über jeder Schraube abgekratzt, die für ihn erreichbar war. Und er hatte, als alle Schrauben durchprobiert waren, von vorne begonnen. Nicht *eine* einzige hatte sich gelockert.

Doch mit einem Male löste sich die Spannung. Glitt wie ein schwerer Umhang von ihm ab, – und er hielt inne.

Welch eine Idee, **mit einer Schnalle** ausbrechen zu wollen!

Morgen wird er dann wieder viele lange Stunden im Kreis laufen, hundertmal wird er zu dem Baum sehen. Und er wird diese weißen Wände nicht länger ertragen können.

Es gibt nur einen Weg hinaus!, dachte und glaubte er.

Traurig ging sein Blick aus dem Fenster, zum Himmel. Das war doch der Weg, den er nicht gehen wollte.

Er wartete.

Gleich wird ES passieren: Er fühlte es! Passieren, so wie das Kratzen eben mit ihm passiert war. Einfach so! Es würde passieren, als sei es nicht von einem selber. *Unwiderstehlich* passieren: dass man sich nicht mehr dagegen wehren kann. Ein Gebirge aus Gefühl würde ihn überwältigen. Und er würde dabei zusehen, als habe er nichts damit zu tun.

Der Daumen glitt über die kleinen, spitzen Zacken der Schnallen-Befestigung. Der Junge zählte dabei die Zacken, so gewann er Zeit. Völlig sinnlos, sie zu zählen. *Eine* würde ja schon ausreichen! Eins, zwei, drei, vier, ... sieben Zacken!

Jetzt suchte er am Handgelenk. Spürte den Puls schlagen: *Wie lange dauert das? Schon bald wird es hell werden. Würde die Zeit reichen, oder werden sie ihn morgen noch lebend finden?*

Er wartete. Zählte noch einmal. Wieder sieben Zacken.

Er wartete; und ES passierte nicht. Jetzt, in der Dunkelheit, war die Farblosigkeit der Zelle nicht wahrzunehmen, jetzt war es leichter, sie zu ertragen. Morgen, bei Tageslicht, und an den nächsten Tagen, wird es wieder schwieriger werden. Aber bis morgen Nacht würde er gewiss noch durchhalten.

Er nahm sich vor, *das* zu versuchen. Ja! Bis **morgen**, *das* wollte er noch schaffen! – Vielleicht sogar bis übermorgen.

Mit seiner Schnalle schnitt er seitlich einen kurzen Schlitz in die Matratze und steckte sie tief in den Kunststoffbezug hinein. Dann schob er die Öffnung vor die Wand: *Dort wird sie niemand finden. Dort ist sie gut versteckt!*

Er konnte ja warten. Konnte es immer noch tun.

Die Schnalle – sie war jetzt seine Sicherheit: *Wenn er es überhaupt nicht mehr aushalten kann. Wenn es wirklich nicht mehr geht.*

Jetzt hatte er *eine* Sache, die er tun konnte! Die Schnalle würde immer in der Matratze sein. Niemand würde sie dort suchen. Sie wird bei ihm in der Zelle sein, an jedem Tag. – Er konnte sie jederzeit wieder herausholen. *Wenn er es gar nicht mehr aushält. Wenn es wirklich nicht mehr geht!*

*

Falls es irgendwann so weit ist, wird ihm frösteln, er wird allmählich anfangen zu zittern. Minuten später muss er um Luft ringen. Wie sehr doch die Atemluft fehlt! Das Herz wird lauter klopfen, als je zuvor. Danach wird der Pulsschlag schwächer werden. Vielleicht wird es nur ein feiner Blutstrahl sein, der mit jedem Herzschlag spritzt.

Die Nacht draußen wäre wieder so ohne Geräusche und friedlich. Ganz still in der Zelle.

Und es wird *immer und immer* ein leises Zischen zu hören sein. Wie von einer Spritzpistole.

Ja, das hört sich *genauso* an, wie seine alte, dunkelrote Kinderspritzpistole.

Hausaufgabe

Die Schüler hatten von Herrn Kimme eine extra Hausaufgabe bekommen: *Bis zum nächsten Montag sollten sie eine Phantasiegeschichte schreiben.* Was ihnen gerade so einfiel! Ort, Zeit, Personen, Handlung, alles war vollkommen beliebig! – Ein Thema, so richtig nach Tomas' Herzen! Er hatte einen kleinen Science-Fiction in sein Heft geschrieben, mit vielen kleinen sonderbaren Planetenwesen und einer witzigen Pointe, die vielleicht sogar dem Herrn Kimme gefallen würde, – *obwohl* sie von ihm war. Die Aufgabe hatte ihm viel Spaß gemacht, und nun wollte er seine kleine Weltraum-Geschichte auch gerne vorgelesen.

In der nächsten Deutschstunde rief Herr Kimme einige Schüler zum Vorlesen auf. Dabei stand er, zeitweilig auf einem Bein balancierend, dicht neben Tomas Tisch. Er hatte den Oberkörper seitwärts gelehnt, und stützte sich mit der Hand – in dominanter Lässigkeit – direkt vor Tomas Nase auf. Tomas hoffte, der Lehrer würde ihn drannehmen, – was unwahrscheinlich war, denn zwar war er von Herrn Kimme zum Witzblitzableiter auserkoren, aber er wurde nie aufgerufen. Sich selbst zu melden, einfach die Hand zu heben, traute er sich nicht.

Der Junge hatte den Eindruck, Herr Kimme würde ihm anmerken, dass er jetzt gerne vorlesen möchte … aber der Lehrer schaute, über seinen Kopf hinweg, in die Runde und rief wieder nur seine Lieblingsschüler auf.

*

Jahre später hat Tomas eine Phantasie. Auch ein Art Science-Fiction. Oder genauer: eine *„es könnte science Fiktion"*.

Was wäre passiert, wenn er seine Angst vor dem lauten Lehrer einfach überwunden, ihm die Hand beherzt vor die Nase gehoben, sich keck mit dem Finger schnipsend gemeldet hätte? Was hätte schon passieren können? – Wahrscheinlich hätte der holde *Leer*körper nur sogleich „Nein!" gesagt, *„Wir* möchten deine Geschichte *alle* nicht hören …"

… aber dann hätte er, der missfällige Schüler, völlig unbeeindruckt und mit sonnig strahlender Freundlichkeit antworten müssen: „Aber *ICH* möchte sie gerne vorlesen dürfen!"

… und die kleine Pointe hätte dem *Lehr*körper vielleicht doch gefallen; in Zukunft hätte er seinen Schüler öfter drangenommen und besser kennen gelernt …

… einen vollkommen anderen und besseren Eindruck von ihm gewonnen …

… *mit* statt *über* ihn gelacht …

… ihm richtig Spaß an der Deutschstunde und, vor allem, am Geschichten-Schreiben vermittelt …

(… ja, ihn vielleicht sogar vor der Psychiatrie gerettet!)

… dann wäre, möglicherweise, später sogar ein *richtiger* lachender Schriftsteller aus dem manches Mal so traurigen

Schüler Tomas geworden. Und dieser könnte heute exklusiv für seinen Witze und viel Dramatik liebenden Lehrer und Nun-auf-einmal-doch-Pädagogen, der ja später tatsächlich ans Theater gegangen ist, fleißig, fleißig, fleißig! dramatische Theaterstücke mit fröhlichen Pointen schreiben.

Akten-Einsicht

„Hier lese ich, ein Herr Spreu habe die Diagnose gestellt", sagt die freundliche Dame. – „Ich weiß nicht, wer das ist?" wundert sich Tomas. „In der Klinik gab es *keinen* Arzt mit diesem Namen. Und ich kenne *keinen* Psychiater, der so heißt. Es könnte allenfalls *der* Arzt gemeint sein, der damals zu mir nach Hause gekommen ist?! Der hat mir seinen Namen nicht verraten. Aber, mit *dem* habe ich ja nur maximal *eine Viertelstunde* geredet! Und *der* hatte doch auch gesagt: *zur Beobachtung mitnehmen*?" Er zuckt mit den Schultern. „Sonst war ich höchstens *mal* beim Kinderarzt, aber zuletzt anderthalb Jahre *vor* meiner Einweisung! – Doch ich finde es sehr bemerkenswert, dass nicht Doktor Sand die Anfangs-Diagnose gestellt hat! Er war *der einzige Arzt*, mit dem ich in dieser Zeit mehr als einmal gesprochen habe."

An der Morgensonne

Am vierten Tag. Die Zellentür öffnete sich zu unerwarteter Zeit, und ein junger Pfleger schaute herein.

„Sie sind doch sicher froh, hier mal herauszukommen!" sagte er. „Wollen Sie nicht mit in den Garten kommen? Ich bringe Sie dorthin."

Ihr Weg führte durch einen Aufenthaltsraum, der ausschließlich den Dauerpatienten vorbehalten war. Der Junge bekam sie heute zum ersten Mal zu Gesicht. Es waren durchweg ältere Männer in abgetragener farbarmer Kleidung. Die meisten saßen schweigend allein für sich da, mit stumpfen Blicken.

Der wohl auffälligste Patient im Raum war soeben um das vordere Ende eines langen Tisches gegangen. Tomas blieb jetzt vor diesem Tischende stehen, um den Mann beobachten zu können.

Der Kopf des Mannes war zur Tischmitte hin geneigt. Aus seiner Stirnmitte ragte eine senkrechte Stufe: Eine Stirnhälfte sprang vor, während die Gegenseite in einem zwei bis drei Zentimeter tiefem Loch über der Augenbraue mündete. Sein unsymmetrisches Gesicht sah für den Jungen zum Fürchten aus. Nie zuvor hatte Tomas solch einen Menschen in natura gesehen. Im Fernsehen vielleicht. Ähnlich einem Frankenstein im Gruselfilm.

Der Mann umrundete jetzt, Schritt für Schritt, das hintere Tischende, dann kam er geradewegs auf Tomas zu, der am vorderen Tischende stehen geblieben war.

Schnell trat der Junge einige Schritte zurück. Doch der unheimliche Mann hatte es ja gar nicht auf ihn abgesehen, sondern ging stur seinen Weg weiter um den Tisch herum.

… immer um den Tisch … ein zweites, drittes, viertes Mal! … auf schiefgelaufenen Absätzen … seine alten, ausgelatschten Schuhe folgten einer dunklen Spur, die um den Tisch führte.

Nun fiel dem Jungen auch die zur Tischmitte hingeneigte Körperhaltung auf: Er ahnte, *dass dieser bedauernswerte Mann viele lange Stunden, vielleicht Tage, Monate, Jahre um diesen Tisch geht, gegangen ist und gehen wird, wie ein Tiger in einem Käfig, der noch einen Rest Freiheit fühlen möchte;* und er wünschte ihm, das niemand ihn dabei aufhalten wird oder hindern.

Tomas beugte sich nach vorn: War das bloß Schmutz, oder war der Bodenbelag abgenutzt? Schon wollte er in die Hocke gehen, um die schwärzliche Bahn auf dem Fußboden mit dem Fingernagel kratzend zu untersuchen, obwohl er gleichzeitig einen gebührlichen Ekel empfand, aber der Pfleger drängte zum Weitergehen.

Im Garten hielten sich rund ein Dutzend Patienten auf. Ringsum Mauern, zwei bis drei Meter hoch und mit Stacheldraht bewehrt. Dazwischen eine Wiese mit Wegen, ein paar Bäumen, Büschen und Bänken. Keine Blumen.

Tomas wollte sich fern von den anderen halten. Er ging ein Stückchen für sich alleine, setzte sich dann auf eine der Bänke. Er hatte nicht geahnt, dass es einen solchen Garten überhaupt gab.

Die Morgensonne schien mild. Er spürte ihre Wärme auf der Haut. Die Luft war gut. Er atmete tief ein und aus. Welch ein Genuss das war! Besonders nach den stickigen und dunklen Tagen in der Zelle!

Nicht lange dauerte es, bis einer der Patienten auf Tomas zukam und ihn ansprach. Ein vergleichsweise noch junger Mann, mit Mitte zwanzig oder höchstens dreißig Jahren ungefähr doppelt so alt wie Tomas, und neben ihm augenscheinlich der zweitjüngste Patient im Garten. Er machte äußerlich einen normalen Eindruck, war mittelgroß, schlank und hatte ein intelligentes Gesicht.

„Können Sie *bitte* mit mir ein wenig spazieren gehen?"

Ein kurzes Kopfschütteln von Tomas, dazu ein lautes und klares: „Nein!"

Der junge Mann wich einen Schritt zurück; diese Antwort hatte er wohl nicht erwartet. Sein Gesicht drückte eine erschrockene Enttäuschung aus, er wendete sich ab und ging alleine weiter.

Er umrundete den Garten, mit gesenktem Kopf, den er ab und zu hob, um Tomas aus der Ferne unfreundliche Blicke zuzuwerfen. Plötzlich kam er mit einem überaus ärgerlichen Gesichtsausdruck wieder zurück, marschierte schnurstracks auf Tomas zu.

„Wozu sind Sie *dann* eigentlich da?!" fuhr er den Jungen an.

Dieser war ängstlich erschrocken und verdutzt zugleich. Offensichtlich wurde er nicht für einen Patienten, sondern für einen Pfleger gehalten …

Noch bevor er etwas erwidern konnte, hatte der Mann schon auf dem Absatz kehrtgemacht – und drehte wieder seine einsamen Runden. Beim Gehen hielt er weiterhin den Kopf gesenkt, den Blick nun fortwährend auf den Boden gerichtet.

Jetzt tat er Tomas ein wenig leid: *Bestimmt war es auch für ihn nicht leicht, hier in einer psychiatrischen Klinik zu sein.* Hätte er nicht doch ein Stückchen mitgehen und mit ihm reden sollen …?!

Tomas ging ebenfalls ein paar Schritte alleine. Dann setzte er sich auf eine andere Bank und dachte an die Schule. Vor wenigen Tagen war er ja noch dort gewesen! In welcher *Ferne* sie auf einmal war! So weit, so unerreichbar!

Er stellte sich die Schulkameraden vor. *In diesem Moment müssen sie alle beim Unterricht sitzen, aber er fehlt! Ob sie wohl wissen, weshalb? Hat der Lehrer ihnen etwas mitgeteilt? Und wenn, ob sie sich ein Bild machen können, was er hier gerade erlebt?*

Er stellte sich vor, wie er zu ihnen in die Klasse kommt. Wenn er ihnen berichten könnte, würden sie ihm glauben?

Oder angenommen: *Ein großer Farbfernseher stände vorne auf dem Pult! Was würden die Kinder in seiner Klasse sagen, wenn sie ihn* **hier** *sehen könnten? Die hohen Mauern mit dem Stacheldraht?*

Ein älterer Patient näherte sich indes Tomas' Bank. Er wirkte sehr kontaktfreudig. Neugierig blickte er den Jungen bereits aus der Ferne an. Tomas konnte sein Alter schwer einschätzen. Mitte fünfzig mochte er sein, seine dunklen Haare waren an den Seiten grau. Er schien mit einem Male sonderbar belustigt zu sein. Drei Schritte vor Tomas blieb er stehen.

„Ich kenne Sie!" rief er fröhlich aus.

Wieder ein Kopfschütteln des Jungen, dazu wieder ein lautes: „Nein!"

„Doch – ich kenne Sie! Ganz bestimmt! Ich kenne Sie! Ich kenne Sie – aus Koooblenz."

„Das ist völlig unmöglich!" erwiderte Tomas. „Ich war noch nie in Koblenz!"

„In Kooblenz hat mir der Hitler ein Haus gebaut", eröffnete der Patient mit einer merkwürdig gedehnten singenden Stimme. Dabei schaute er Tomas erwartungsvoll an, mit freundlich neugieriger Aufmerksamkeit.

Tomas stutzte. Er öffnete den Mund, um etwas zu entgegnen. Doch bevor er Zweifel äußern oder Widerspruch einlegen konnte, hatte der Mann, in allzeit zuvorkommender Art und Weise, die eignen Worte bereits wieder bestätigt: *Das ist wirklich wahr!"*

Wieder öffnete Tomas den Mund, diesmal, um eine Frage zu stellen. Rasch wiederholte der Patient nickend seine Aussage, wieder mit klarer Bestimmtheit und einem ruhigen, freudigen Lächeln: „Doch, doch! Das ist *tatsächlich* wahr!"

Tomas fragte sich: ob der Mann an Widerspruch gewöhnt ist und möglicherweise *deshalb* so *fix* alle Fragen beantwortet, noch bevor sie gestellt worden sind? Er musterte den Mann, der ihn weiterhin freundlich anblickte, aber an dem nach Hitlerart geformten, schwarzen Oberlippenbärtchen ließ sich auch nicht ablesen, wie hoch der Wahrheitsgehalt seiner Hausbau-Geschichte einzuschätzen war. So beschloss Tomas, lieber wieder alleine seine Runden um die Gartenanlage zu drehen.

Die Patienten verteilten sich relativ gleichmäßig über das Gelände. Sie gingen, standen oder saßen meist alleine, nur wenige waren zu zweit oder zu dritt.

In der Nähe des Eingangs standen ungefähr ein halbes

Dutzend Pfleger in einem engen Kreis. Einige von ihnen erkannte Tomas auf den ersten Blick: *Sie waren an der gewaltsamen Spritze in der Zelle beteiligt gewesen!* Jetzt sahen sie ebenfalls zu ihm herüber, erkannten ihn sofort wieder und redeten über ihn. Tomas konnte einzelne Sätze verstehen.

„Guckt doch mal, *dort* kommt er ja, **dem** mussten wir die Spritze gewaltsam geben!" rief einer laut, und augenblicklich fingen alle gemeinsam zu lachen an. „Das es soo was heute noch gibt!"

Allgemeines Kopfschütteln der Männer.

Ein junger, hochgewachsener Mann mit blonden schulterlangen Locken fiel dem Jungen besonders auf: *Der* war auch bei der **Spritze in der Zelle** beteiligt gewesen! Sein lautes Lachen schien ihm *selber* peinlich zu sein. Er hatte einen ungewöhnlich breiten Mund und lachte hörbar am lautesten, obwohl er es mit ziemlicher Mühe unterdrücken wollte. Dazu presste er sich vier-, fünfmal die flache Hand auf den Mund. Aber es half ihm leider nicht: Jedes Mal pustete er unter der Handfläche doch wieder los!

Schnell ging Tomas weiter.

Der Junge begriff in diesem Moment, dass er für diese Männer nicht viel mehr als nur ein komischer Vogel war. – Einer, der vollständig krankheits-uneinsichtig, die zu „seiner Gesundung notwendigen Mittel" nicht nehmen wollte. Und vermutlich war er für sie und auch für die Ärzte, allein schon deshalb untendurch, weil er sich gegen die Spritze gewehrt hatte. Aus ihrer Sicht gesehen, war dieses Wehren eine Gewalttätigkeit. Er konnte also mit Nachteilen bei seiner weiteren Behandlung rechnen.

Später, in einer versteckten Ecke des Gartens, versuchte Tomas über ein zwei Meter hohes Metalltor zu klettern. Oben auf dem Tor waren eine Reihe handbreitlanger Stahldornen. … sich festhalten … hochziehen … mit voller Kraft. Er würde sich erheblich verletzen, falls es ihm tatsächlich gelänge, erst ein Bein und dann den Körper über das Tor zu schwingen. Er sieht die langen Dornen und weiß das auch! Trotzdem würde er die Verletzungen jetzt in Kauf nehmen. Er *will* jetzt einfach in die Freiheit! Koste es, was es wolle … selbst die Gesundheit!

Beinahe schafft er es, einen Fuß zwischen die Eisendornen zu klemmen … dann könnte er sich mit dem Bein weiter hochziehen. Jedes Mal fehlen nur wenige Zentimeter.

Hinterher war er heilfroh, dass er DAS nicht geschafft hatte! Zumal er erkannte, dass dieses Tor auch nur in einen abgesperrten Bereich führte …

Wieder saß er auf einer Bank und dachte an die Schule. Er versuchte, sich an seinen Stundenplan zu erinnern: Welchen Unterricht hatten sie heute? Erst Englisch oder Mathe, danach Deutsch bei Herrn Kimme? Wieder stellte er sich vor, wie er zu ihnen in die Klasse kommt. Wenn er dort *alles* hier erzählen könnte, würden sie ihm glauben? Würden sie den Mann mit seiner Hitler-Hausbau Geschichte nicht viel eher für einen von ihm ausgedachten, dummen Witz halten?!

Oder wirklich angenommen: *Ein großer Fernseher stände vorne auf dem Pult!* Was würden die Kinder in seiner Klasse sagen, wenn sie ihn *jetzt* tatsächlich *hier* sähen? Wenn sie ihm dann glauben **müssten**? Was zu den hohen Mauern mit dem Stacheldraht? Was über den Mann mit dem Loch in der Stirn, und was über den Mann mit dem Hitlerbärtchen? Was würden sie wohl über die lachenden Pfleger denken? – Und würden sie seinen gefährlichen Fluchtversuch verstehen?

Aber vor allem: *Was würden sie bloß zu dem „Stübchen"
sagen, in das er gleich wieder hinein muss?*

Als Tomas nach zwei Stunden den Garten wieder verließ, und den großen Aufenthaltsraum durchquerte, wanderte der auffällige Mann noch immer. Weiter und weiter und weiter.

Mit völlig ausgelatschten Schuhen und schiefen Absätzen. Auf einer schmutzig-dunklen Bahn immer um den Tisch.

Weiße Aschenbecher

Am fünften Tag.

„Was möchten Sie denn gerne machen?"

„Ich weiß auch nicht, was gibt es denn?" Tomas war heute zum ersten Mal – von der Zelle aus – in der Beschäftigungstherapie. Ein kleiner und zeitweilig fleißiger Werkraum, ein größerer mehr Aufenthalts- als Werkraum und ein kleines Büro.

Die Beschäftigungstherapeutin war jung, hübsch und freundlich. Sie zeigte Tomas als erstes einige gedengelte Messingschalen.

„Diese hier hat einmal Herr Schulze gemacht. So 'was könnten Sie auch versuchen!" Sie lächelte aufmunternd.

Die Schale sah sehr gelungen aus. Sie war tatsächlich kreisrund geworden und glänzte wie poliert, was sie sicher auch war. Den Rand hatte Herr Schulze nach außen umgeschlagen und dann mit kunstvollen Mustern verziert.

„Hm, ich weiß nicht. Schön ist sie ja! Aber wie lange dauert das denn, bis eine fertig ist?"

„Vier Wochen hat Herr Schulze dafür gebraucht, – glaube ich. Aber zwischendurch hat er wohl auch noch an anderen Sachen gearbeitet."

Vier Wochen? Also, *soo* lange wollte Tomas möglichst gar nicht mehr in Bethel bleiben, am liebsten **keinen** Tag und **keine** Stunde länger; obwohl er schon ahnte, dass es darauf hinauslaufen würde …

„Wer ist überhaupt Herr Schulze?" wollte er, für seinen bequemeren Entscheidungsfindungs-Prozess, erstmal wissen.

Die junge Frau zeigte auf einen eifrigen Mann zwischen dreißig und vierzig, der als einziger Arbeitskleidung trug und mit geschickten Händen an einer Schnitzerei beschäftigt war. Als sein Name fiel, blickte er kurz auf und lächelte. Tomas fand, dass er von Kopf bis Fuß aussah, wie ein gewiefter Handwerker.

„Ich glaube, so eine Schale ist mir doch zu schwierig!"

„Sie könnten auch einen Korb flechten. Das ist einfacher und geht schneller. Der könnte schon in zwei bis drei Tagen fertig sein, – wenn Sie fleißig sind!"

Tomas Blick fiel auf die große Töpferscheibe neben der Tür. Vor zwei Monaten hatte er in einem seiner Schulbücher eine Geschichte gelesen, über einen alten und erfahrenen Töpfer, der besonders stolz auf seine Fähigkeiten war und dabei überheblich wurde, bis er seinen Meister fand. Diese Geschichte hatte ihn sonderbar stark fasziniert und gefesselt. Nur zu gerne hätte er selbst einmal getöpfert.

„Genau *das* möchte ich gern machen!" Er zeigte auf die Scheibe: „... falls ich darf?"

„Das Töpfern ist nicht leicht ... *Das* können Sie nicht sofort ... Man muss es zuerst üben ...!"

„Trotzdem!"

Also durfte er und bekam eine große Schürze umgebunden, damit er sich nicht beschmutzte. Und für eine Weile hatte Tomas das ganze Elend um sich herum vergessen. Seit fünf Tagen hatte er zum ersten Mal, vom Kübelputzen einmal abgesehen, eine *richtige* Aufgabe.

„Sie können auch nicht sofort anfangen, Sie müssen zuerst die Luftblasen aus dem Ton schlagen! Am besten hier auf dem großen Brett."

„Darf ich dazu auch den weißen Ton nehmen?"

Im Grunde war es einfach: Tomas brauchte nur den Anleitungen der jungen Beschäftigungs-Therapeutin und der Beschreibung in der Töpferei-Geschichte, die er noch sehr genau im Kopf hatte, zu folgen:

Man nimmt sich so einen Batzen Ton, formt eine Kugel, die richtig gut in die Hand passt, und haut diese Tonkugel, möglichst zentral, und – damit sie auch gut haftet! – mit großem Schwung auf die Töpferscheibe, die man dann mit dem Fuß oder einem Motor in Schwung bringt.

Nun muss man zentrieren. Dafür stützt man am besten den Ellenbogen richtig fest in die Hüfte, um mehr Kraft ausüben zu können. Er hält die Tonkugel zwischen den Händen und formt sie zu einem Hügel, der fast wie ein Busen aussieht, streicht den überschüssigen Ton mit den Daumen nach oben weg. Tomas hat ein Gefühl, als ob er das Zentrieren schon viele Male gemacht hätte. Es klappt fast auf Anhieb. – Dann bricht er diesen tönernen Hügel auf: Mit beiden Daumen in der Mitte eine Kuhle machen, einen Spritzer Wasser rein, auseinander ziehen, bis eine Hand genügend Platz findet, um von innen arbeiten zu können … geschafft! Nun lassen sich, im Zusammenspiel mit der draußen gebliebenen Hand, die Wände hochziehen …

Er hatte eine ganz genaue Vasenform im Kopf, die er mal irgendwo und irgendwann gesehen hatte; wo und wann konnte er nicht mehr sagen; sehr bauchig und mit dünnen Wänden.

Aber das funktionierte nicht, die dünne Wand riss oben ein. Na gut, dann wird die Vase eben nur halb so groß.

Und schon wieder riss der Rand!

Was sollte er jetzt mit diesem kümmerlichen Tonrest anfangen, da auf seiner Scheibe? Hm, ein Aschenbecher, wäre die wohl einzig praktikable Lösung. Ein paar Kerben für die Zigaretten rein. Dann mit einem dünnen Draht von der Scheibe abtrennen: Fertig!

Er deponierte den neuen Aschenbecher erstmal auf der Fensterbank.

Während Tomas sich munter beim Töpfern übte, schön rum-matschte und richtig nach Herzenslust mit Lehmwasser spritzte, öffnete sich die Tür und zwei Pfleger gingen verwundert am Tatort vorbei. Gleich übten sich beide Männer in der unschönen Disziplin, kritisch zu blicken. Die junge Beschäftigungstherapeutin fühlte sich zu einer weiträumigen Entschuldigungs-Geste genötigt. Zusätzlich zuckte sie unschuldsfromm mit den Schultern. „*Ich* kann nichts dafür", erklärte sie mit silberheller Stimme, „*das* hat er sich *selber* ausgesucht!"

Jedes Mal war eine Vase schon *fast* fertig. *Jetzt* sollte er aufhören! Die Vase war *so* im Grunde bereits völlig okay. Ein junger, langhaariger Pfleger kommt vorbei und staunt: „Das wird ja schon was!" Aber nein … noch war Tomas nicht zufriedengestellt! Ein ganz ganz *klein* bisschen dünner, eine *ganze Winzigkeit* bauchiger! Und: *Scheibenhonig auf der Töpferscheibe!* Schon wieder kaputt …

Ein ums andere Mal riss der zu dünne Rand, oder der zu dicke Bauch knickte ein, und sackte dann würdig und materialmüde in sich zusammen. Mitunter geriet ihm auch die ganze Töpfereigeschichte aus dem Zentrum und fing an zu eiern …

Die weiße Aschenbecher-Reihe auf der Fensterbank wurde immer länger!

Tomas ritzte noch seine Initialen ein. Mit einem kleinen Schraubenzieher, den er leider nicht behalten durfte, weil jede Schere, jede Feile, jedwede Art von Werkzeug wegen der Selbstmordgefahr nach dem Werkeln abgezählt wurde.

Später tauchten ein paar seiner weißen Aschenbecher fertiggebrannt auf der Station auf, – und wer weiß, vielleicht sind einige noch heute in Bethel irgendwo in Gebrauch?

Ein „Stübchen mit Extras"

Am Nachmittag, einen Tag später, hockte Tomas wieder alleine, nur in Gesellschaft einer Matratze und eines Pinkeltopfes, mitten in der Zelle auf dem Fußboden und schaute die nackten Wände an, die immer noch so kahl waren, wie am ersten Tag, und ihre eintönige Farbe seit langem nicht verändert hatten.

Es kam plötzlich. Ohne Vorwarnung. Sein Kopf begann sich ohne seinen Willen zu bewegen. Einfach so.

Der Kopf, er tat es einfach und zog sich schmerzhaft weit nach hinten in den Nacken. Und jetzt, genau so plötzlich, stand der Kopf wieder gerade … war der Spuk vorbei.

*Was ist **DAS** gewesen?*

Nach ein, zwei Minuten zieht es den Kopf wieder nach hinten, tiefer als vorhin noch, doch dieses Mal zusätzlich schräg nach links verdreht. Die Spannung der Halsmuskulatur wächst über Sekunden an … bis sie ihr Maximum erreicht! Er stöhnt laut auf.

Darauf lässt die unwiderstehliche Kraft ihn überraschend los. Reflexartig rückt der Kopf wieder gerade, steht wieder so senkrecht auf den Schultern, wie Tomas es seinen Lebtag gewohnt war. – Eine halbe Minute, und die unheimlichen Erscheinungen starten erneut. Der Junge hat seinen eignen Kopf nicht mehr unter Kontrolle.

Tomas nimmt den Kopf zwischen die Hände, er hält, zerrt und drückt ihn in die Gegenrichtung, aber die mysteriöse Macht ist stärker als seine Arme, so dass sein Versuch, ihn festzuhalten, nur sehr mangelhaft gelingt. Der Kopf zieht sich bis tief tief tief in den Nacken hinein, – fast hat es den Anschein, dass er sich selber am Genick abbrechen möchte – dann lässt die unerklärliche Kraft ihn los … und fängt augenblicklich wieder an.

*Diesmal will **ES** nicht aufhören!*

Der Junge wirft sich auf die Matratze, er dreht sich zunächst auf die linke Seite, und stützt diesen Kopf, der ihm nicht mehr gehört! nicht mehr gehorcht! fest auf den Unterarm. Das hilft! Es lindert den Schmerz!

Doch jetzt wechseln die Krämpfe im Nacken plötzlich auf die Gegenseite. Sie zwingen den Kopf mit geheimnisvoller Gewalt unerbittlich nach rechts hinten, immer stärker, immer weiter, *stärker und weiter;* sie lassen ihn, wenn der Schmerz am größten ist, für Sekunden wieder los.

Tomas wirft sich herum, um die jetzt betroffene Seite abzustützen. Das Spiel beginnt, wieder und wieder, von vorn, wechselt mal weit nach links in den Nacken, dann nach rechts, wie es dem rätselhaften Zwang gerade so einfällt.

Der Junge versteht es nicht! Panik ergreift ihn: Ist er nun **verrückt** geworden? Oder gar *von* **bösen Geistern** *besessen*?

Erst klopft und dann tritt er wie wild gegen die Zellentür. Zehn Mal! Zwanzig Mal! Dreißig Mal! Wieder und wieder. Immer wieder. Doch niemand kommt.

Warum hört man ihn **nicht**?

Er tritt und klopft weiter, weiter, weiter. Die Schmerzen sind kaum zu ertragen. Die Nackenmuskulatur und auch der Rücken verkrampfen immer mehr. Er legt sich wieder hin, um den Kopf abzustützen, diesmal auf den Fußboden. Das schafft Erleichterung! Auf dem harten Boden gelingt das Abstützen besser, als auf der weichen Matratze.

Es dauerte lange, eine ganze lange Ewigkeit, so schien es ihm, aber in Wirklichkeit nur wenig mehr als eine halbe Stunde, bis sein Klopfen und Treten endlich gehört wurde.

Plötzliche Schritte. Geräuschvoll wurde die Tür aufgeschlossen. Draußen ein Pfleger.

„Was **tun** Sie da?" fuhr er Tomas an.

„Bitte, helfen Sie mir!"

„Halten Sie den Kopf gerade!" tadelte der Pfleger.

„Ich kann doch nicht anders!" jammerte Tomas.

„Halten Sie ihren Kopf gerade! Ihre Mutter ist zu Besuch da; was soll die wohl denken?"

Also war der Pfleger doch nicht auf sein Klopfen hin gekommen! – Wie sollte er auch, die Stübchen lagen zu weit von der eigentlichen Station entfernt, und selbst das lauteste Klopfen war dort nicht zu hören …

… rein *zufällig* war er gekommen, nur weil seine Mutter auf Besuch da war. Wäre sie nicht gekommen, hätte er noch Stunden warten können.

Der Mann schimpfte immer energischer.

„Halten Sie endlich ihren Kopf gerade, das sieht ja widerwärtig aus! Richtig ekelhaft! – Als sei ihr Hals gebrochen! Schauderhaft!" Er schüttelte sich. „Was soll denn wohl ihre Mutter denken, wenn sie Sie so sieht!?"

„Die möchte ich jetzt auch nicht sehen!" erklärte Tomas.

Während der Mann weiterhin schimpfte „Lassen Sie *das* sein! *Wie* das nur aussieht?!" und immer heftiger auf Tomas einredete; *ohne dass der in seinen Augen kranke Patient, diesen gutgemeinten Ratschlägen nur im Mindesten gefolgt wäre*; erschien im Türrahmen ein zweiter Pfleger. Er schaute kurz zu, dann winkte er seinen Kollegen auf den Flur hinaus. Tomas hörte die beiden vor der Zellentür miteinander reden.

Sie sprachen da draußen nicht *mit*, sondern *über* ihn!

Obwohl ihre Worte nicht für seine Ohren bestimmt waren, konnte Tomas manches aufschnappen: „… nein, er kann nichts dafür … die Tabletten …"

Die **Medikamente** *waren also die Ursache für das, was gerade mit ihm passierte …*

Während die beiden noch draußen lamentieren, und Tomas drinnen mit dem eigenen Kopf kämpft, kommt der schwarzhaarige Pfleger mit den langen Koteletten, den Tomas mittlerweile insgeheim „das Kotelett" nennt, mit hastigen Schritten in die Zelle. Er erkennt, mit einem Blick, die Bescherung.

„Das kommt, weil Sie ihre Tabletten nicht nehmen!" raunzt er Tomas an. Suchend blickt er auf dem Zellenboden umher und findet – richtig! – auch sofort ein paar der ausgespuckten weißen Tabletten. Er verlässt mit schnellen Schritten die Zelle, wechselt mit den beiden da draußen noch ein paar kurze, polternde, unverständliche Sätze, – um dann bald mit einem stählernen Pillenschälchen zurück zukommen. Zwei der weißen Tabletten liegen darin.

„Die müssen Sie jetzt nehmen!" sagt ‚das Kotelett' barsch. „Das ist gegen den schiefen Hals!"

Mehr sagte der Pfleger *nicht* dazu.

Ein anderer Pfleger, mit ungleich mehr Verständnis, erklärte es Tomas später genauer: „Sie hatten *Extras*!"

„Extras?"

„Ja, so werden von den Kollegen diese Nebenwirkungen genannt. Eigentlich heißt es ja extrapyramidale Störungen, aber wir sagen immer ‚Extras' dazu. Weil das kürzer ist!"

„Extrapyramidale? Was heißt das?"

Der Pfleger erklärte es Tomas in etwa so *(alle Mediziner bitte einmal weghören!)*: „Es gibt, irgendwo zwischen Gehirn und Wirbelsäule, eine Art Schaltzentrale, die man auch „die Pyramiden" nennt. Durch die Medikamente können dort Signale fehlgeleitet werden. Das bedeutet, dass die *unwillkürlichen* Signale oder Befehle, die vielleicht die Darmbewegung steuern sollten, unter Umständen ganz woanders im Körper ankommen. Und dort verursachen sie wiederum *unwillkürliche* Bewegungen und Krämpfe. Meistens spüren es die Patienten zuerst im Hals oder im Nacken. Das nennen wir auch ‚Schiefhals'. Die weißen Tabletten, die Sie bekommen, heißen Akineton und sind ein Mittel gegen diese Nebenwirkungen, damit Sie keine ‚Extras' bekommen."

„Jetzt sitze ich hier in einem ‚Stübchen' und bekomme zusätzliche ‚Extras' serviert", sagte Tomas. „*Man könnte meinen, dass es mir* **richtig gut** *geht!*" Der Pfleger lachte.

Eine eiskalte Dusche

– „Das Wasser ist eiskalt!" –
– „Jetzt duschen Sie endlich!" –
– „Nein, erst muss das Wasser wärmer werden!" –
Der kleingewachsene Pfleger hatte den jungen Patienten zu einer Duschzeile geführt. Der Patient hatte die Unterwäsche ausgezogen und sich bibbernd vor die Brause gestellt. Jetzt drehte er den Wasserhahn mit dem blauen Punkt zu; und den mit dem roten Punkt vollends auf: Aber es wurde immer noch nicht wärmer. – Ob es an dieser Dusche überhaupt warmes Wasser gab?

„Los, los! – Nun machen Sie schon!" Die Stimme des Pflegers klang sehr ungeduldig.

Der Patient hielt seine Hand in den eisigen Strahl: „Nein! Mir ist das noch zu kalt!"

Der Stoß in den Rücken kam unerwartet. Er glitt aus und fiel hart in die Ecke der Nasszelle.

Ihre Augen trafen sich: Der Pfleger bückte sich drohend über ihn – und ballte eine Faust.

Der Patient hätte als erstes den Impuls gehabt, aufzustehen und zuzuschlagen. Vor dem schmächtigen Pfleger alleine, der einen Kopf kleiner war als er, hatte er keine Angst. Aber er konnte sich sehr sicher sein, dass dieser dann Verstärkung holen würde. Also war es gesünder, *nur* aufzustehen.

Nun drohte der Pfleger dem jungen Patienten auch mit Worten. Auch wenn es schwer fiel, es war sicher besser, gar nicht zu antworten!

Der Patient wusste: Natürlich war *das* die Revanche für *seinen* Schubser auf die Matratze, als die Pfleger ihn gewaltsam gepackt, und die Spritze gegeben hatten.

Drei Himmels-Türsteher sagen: „Geschlossene Gesellschaft!"

Herr Kimme trug der Schulklasse mit lauter Stimme und viel Dramatik ein Gedicht von Frida Schanz vor:

„»Ein sterbender Landsknecht in welschen Landen
Schrie zu denen, die um ihn standen,
Schrie, wie von tollen Rüden gehetzt,
Und seine Augen stierten entsetzt:
Es ist doch was dran, an Schuld und Vergeben!
Es ist doch was dran, am ewigen Leben!
Ich seh' es jetzt, da mein Leben ertrinkt,
Da dies elend Leben in nichts versinkt,
Da die Schritte ins Bodenlose geraten:
Es kommt doch was an, auf unsere Taten!
Es ist alles verschwunden, was ich verbrochen.
Ich habe geraubt, gehauen und gestochen,
*Es ist alles, **als könnt ich nichts dafür!** – –*
Aber Drei stehen vor der Himmelstür ...«"

Drei vermeintlich geringe und unbedeutende Seelen. Sie versagen dem sterbenden Landsknecht den Eintritt ins Paradies und in Gottes Ewigkeit.

Zuerst ein Hund, dem er nichts zu fressen gegeben hat, bis er starb; ... den er schon längst vergessen hatte.

Ein kleines rotbäckiges plapperndes Kind, das er einst erstochen hatte, als es an ein Spiel dachte, „Da da!" sagte, und ihm einen Apfel schenken wollte:

„»War auch so ein Rotback, wie Äpfel sind,
[...] Sein Sterben war ein kurzes Erschrecken,
Es blieb mir als Leichlein am Säbel stecken,
Der stumpf von Blut war, – ich macht' es los.
„Da, da!" – Oh, da steht es! – Winzig! – Weltengroß!«"

Zuletzt ein altes Mütterlein, welches gesagt hatte, sie lege für ihren Sohn die Hand ins Feuer. Sie wusste aber nicht, dass er bereits verstorben war:

> *„»Da hab ich: „Es sei!" gesagt zu der Alten,*
> *Und die Frau hat die Hände ins Feuer gehalten,«"*

Tomas fand die Botschaft des Gedichtes gut. – Aber er fragte sich, ob der Lehrer sie auch richtig verstanden hatte?
(Textquelle: Frida Schanz; Besonnte Strecke; 1928; S.110 ff.)

In der Klapszwickmühle

Am siebten Tag.

Die junge Beschäftigungstherapeutin wirkte etwas genervt, weil Tomas nun schon das dritte Mühlespiel in Folge für sich entscheiden konnte.

„Möchten Sie nicht einmal gegen Heinz-Uwe spielen?" schlug sie vor. „Ich habe schon öfters gegen ihn gespielt und jedes Mal verloren! Er spielt wirklich gut. Gegen *ihn* haben auch Sie bestimmt keine Chance!"

Heinz-Uwe war derselbe junge Mann, von dem Tomas, wenige Tage zuvor, im Garten angesprochen, um einen Spaziergang gebeten und später angeblafft worden war. Jetzt sprach er mit sanfter Stimme, wirkte nett und freundlich, und freute sich, dass Tomas mit ihm Mühle spielen wollte.

Gegen Heinz-Uwe zu gewinnen, war nun wirklich kinderleicht! Anscheinend konnte er nicht richtig denken. Tomas merkte sehr schnell, dass er zwar früher einmal ein sehr guter Mühlespieler gewesen sein musste; Heinz-Uwe kannte viele Kniffe und hatte eine ausgeklügelte Strategie entwickelt. Aber sobald Tomas dagegen hielt, war er unfähig, sich auf Tomas' Spielweise einzustellen. Er hätte sich eine neue, angepasste Strategie ausdenken müssen, doch dazu war er ganz offenbar nicht in der Lage.

So gewann Tomas leicht eine Partie nach der anderen. Heinz rannte prompt in jede Falle, die Tomas ihm stellte. Es war schon beinahe langweilig!

*

Zwei Wochen später ...

„Unentschieden?" Tomas war entsetzt. „Ich habe noch nie unentschieden gespielt!"

„Doch, das ist bestimmt unentschieden!" sagte Heinz mit einer Seelenruhe, die Tomas aufregte. „Ganz genau weiß ich es allerdings auch nicht."

Tomas sah hilflos auf das Spielbrett, sah auf eine verworrene Partie, die schon ewig lange andauerte, und begriff die Welt nicht mehr. Die Steine auf dem Spielbrett schienen nicht mehr miteinander in Verbindung zu stehen.

Eine starke Medikamentenwirkung hatte bei Tomas eingesetzt! Sie gab ihm das Gefühl, seine Gedanken nicht mehr logisch verknüpfen zu können! (Wie er später seiner Akte entnehmen wird, bekam er mittlerweile *Glianimon*, eines der stärksten Neuroleptika.)

„Also gut, unentschieden!" bestätigte Tomas mit schwachem Nicken.

Von da an dauerten all ihre Spiele kleine Ewigkeiten, und nahezu alle endeten unentschieden ...

Ein mitleidiger Blick

Am achten Tag.

Tomas wälzte sich in den Räumen der Beschäftigungstherapie auf dem Fußboden. Obwohl er die beiden weißen Tabletten mit Akineton nun gewissenhaft nahm, hatte er wieder die ‚Extras' bekommen.

Dr. Sand wurde gerufen.

Er kommt. Bleibt in fünf Schritten Entfernung stehen,

greift im Büro nach dem Telefon auf dem Schreibtisch, hebt den Hörer ab, wählt eine Nummer und veranlasst das Notwendige: „Wir brauchen schnell eine Spritze Akineton!"

Aus der Entfernung schauen sie sich gegenseitig an: Tomas seitlich auf dem Boden liegend, krampfhaft mit seinem Kopf kämpfend, der hin und her zuckt, der Arzt mit dem Telefonhörer in der Hand.

Tomas sieht in die Augen des Arztes. Der Arzt sieht in seine Augen. Für wenige Sekunden vereinigen sich ihre Blicke. Sie sehen sich heute zum zweiten Mal. In den Augen des Arztes kann Tomas Mitleid erkennen.

„Es ist auch Unsinn, dass er noch länger in dem Stübchen bleibt!" hörte er den Doktor ins Telefon sagen.

Teil 2

„Das Mehrbettzimmer"

Hörende Steine

Wenn die Steine von Jericho *hören* könnten?
… würden sie ganz sicher Ohrenstöpsel nehmen!

(Vom Autor)

Der zerbrochene Tee-Krug

Im großen Schlafsaal der Station U7 ging früh um sechs Uhr das Radio laut an:

»'Mein Name ist Hase. – Ich weiß von nichts!'« plärrte es aus einem ovalen Lautsprecher über der Tür. *»Ist hier was geschehen, ich hab nichts gesehen! Sah immer nur Klee und im Winter viel [..]«*

Tomas erwachte. Seine erste Nacht im Schlafsaal. Über Stunden hatte er wachgelegen. Nicht schlafen zu können, war neu für Tomas. Ein Umstand, den er in seinem jungen Leben, außer bei nächtlichem Gewitterdonnern, bisher nicht kennen lernte.

Leise stöhnend drehte er sich zur anderen Seite. Mit seiner Bettdecke fegte er dabei eine Teekanne vom Nachttisch des Bettnachbarn. Tomas sah noch, wie die Kanne über den Rand des Nachttisches kippte. Doch er konnte sie nicht mehr aufhalten. Sie zerklirrte auf dem Fußboden.

Er richtete sich auf und beugte sich über die Bettkante: Wohl hundert Scherben lagen auf dem Boden, weit unter den Betten verstreut. Mit einem neuen lauten Stöhnen ließ er sich flach auf den Rücken fallen. Noch hatte er sich hier mit niemandem bekannt gemacht; auch mit dem ehemaligen Teekannenbesitzer noch nicht, denn er war gestern erst am späten Abend, als es bereits dunkel und Schlafenszeit war, aus der Zelle in den großen Saal verlegt worden.

Tomas blickte sich um: Sein Bett stand gleich neben dem Gang, der mitten durch den Schlafsaal führte; rechts flanierten die ersten Patienten auf und ab; links lag, nicht viel mehr als eine Armlänge entfernt, der ahnungslose Eigner einer größeren Anzahl von Teekannenscherben und schnarchte noch leise.

»Mein Name ist Hase, ich weiß nicht Bescheid«, tönte es aus dem alten Lautsprecher.

Das Lied vom Hasen war offenbar ein Favorit des Radiomoderators, in den kommenden Wochen hörte es Tomas beinah jeden Morgen; und es spendete ihm ein bisschen Trost. Der Text ist einmal von Chris Roberts gesungen und von Elisabeth Bertram, alias „Lilibert", ersonnen worden. Er geht auf ein bekanntes Zitat von Victor von Hase zurück. Zum Abschluss des Liedes hörten die Männer im Schlafsaal:

»Klage die Welt an und schrei durch die Nacht:
Was habt Ihr gemacht? Wo ist mein Glück?
Aber es kommt nur ein Echo zurück!«

Ob der Sänger wohl ahnte, wie sehr diese Worte, die an sich auf andere Dinge bezogen waren, Tomas Gefühle darlegen konnten?

Die meisten Patienten störten sich nicht an der morgendlichen Dudelei. Sie blieben bis zum Frühstück in ihren Betten. Nur wenige liefen bereits eifrig im Saal umher. Es machte fast den Eindruck, als hätten sie am frühen Morgen schon einiges zu erledigen und zu besorgen. Wohin – um alles in der Welt – liefen die bloß?

Die Männer unterschieden sich deutlich von denen auf der Station der Dauerpatienten. Ihre Kleidung war weniger alt und abgetragen. Für den Jungen sah hier niemand gleich zum Fürchten aus. Er sah, wie sich einige Männer selber kämmten. Der Besitz von Kämmen und anderen persönlichen Gegenständen war auf dieser Station also gestattet!

Als Tomas merkte, dass sein Bettnachbar endlich wach war und blinzelnd umheräugte, richtete er sich auf: „Ich habe versehentlich ihre Teekanne hinunter geschmissen."

Der Mann mochte an die vierzig sein und hatte eine Stirnglatze. Er wirkte weder verrückt noch verärgert, sondern ausgesprochen freundlich. „Das ist nicht schlimm!" sagte er mit einem beruhigenden, beinahe liebevollen Blick.

„Ist es wirklich nicht schlimm für Sie?"

„War es Absicht oder ein Versehen?"

„Bloß ein Versehen!"

„Dann ist es auch nicht schlimm!"

„Aber ich habe kein Geld, ich kann es nicht bezahlen!" – Auch das fand der Mann nicht weiter schlimm.

*

Rund zwanzig Jahre später wird Tomas einen älteren Herrn an einer Bushaltestelle wiedererkennen.

Sofort wird ihm die Teekanne wieder einfallen. Die zerbrochene Teekanne, nach seiner ersten Nacht im Schlafsaal. Aber als Tomas sein Portemonnaie zückt, wird der ehemalige Mitpatient gerade so freundlich gucken wie damals, und er wird dankend ablehnen: „Das ist verjährt!"

Eine Aktennotiz:

Als der Pat. auf unsere Station kam, prüfte er alle Fenster und Türen, um zu sehen, ob er nicht entweichen kann.

Der Professor

Im Aufenthaltsraum, der an den großen Schlafsaal grenzte, hing eine Schultafel, welche sehr selten benutzt wurde. An ihr stand an einem Nachmittag ein älterer Mann, der lange Formeln an die Tafel schrieb, die für Tomas völlig unverständlich waren. Beim Anschreiben erklärte er laut die Formeln mit, wobei sich seine Stimme mitunter regelrecht überschlug. Der Grund für das Überschlagen seiner Stimme war wohl darin zu suchen, dass dieser Mann zwar recht schnell reden, aber noch um einiges schneller schreiben konnte. Jedes Mal, wenn die Stimme dem Tempo der Schrift nicht mehr folgen konnte, überschlug sie sich.

Verwundert warf Tomas einem jungen Pfleger neben sich fragende Blicke zu.

„Das ist sogar ein Professor von einer Technischen Hochschule", erklärte der Pfleger bereitwillig den ungewöhnlichen Vorgang, „er hält gerade eine Vorlesung ab!"

Eine Weile noch schaute Tomas dem eifrigen Professor bei seinem Training zu, das für die Erhaltung des hohen Arbeitstempos vermutlich notwendig war.

Nicht allein Tomas verstand nichts von dem, was da angeschrieben wurde; wohl kein anderer im Raum – außer dem Professor selber – tat das. Zwischenzeitlich ging dieser, mit hinter dem Rücken verschränkten Händen, vor der großen Schultafel auf und ab und rechnete mit noch lauterer Stimme, dann blieb er wieder stehen, schrieb das Ergebnis an, und stellte sich gleich eine neue Aufgabe.

Der Professor sah aus wie ein Professor. Genauso hätte sich Tomas einen Professor aus dem Bilderbuch vorgestellt: Er wirkte gleichermaßen konzentriert und zerstreut, und einige dünne graue Haarsträhnen fielen ihm über die hohe Stirn wirr ins Gesicht.

Welchen Grund dessen Aufenthalt in einer psychiatrischen Klinik hatte, entzog sich natürlich Tomas Kenntnissen. War er womöglich überarbeitet? Durch sein eigenes mörderisches Schreibtempo überfordert?

Ob manche Leserin und mancher Leser es schon ahnen? Es vermuten? Das vielleicht Unwahrscheinliche, – tatsächlich! – es trat ein: Etwa zwölf Jahre später wird Tomas zusammen mit anderen Studenten in einem großen Raum sitzen. Er wird der Vorlesung gerade jenes Professors folgen, und sie dieses Mal sehr viel besser verstehen. Aber über das unvermindert hohe Schreibtempo wird er oftmals stöhnen ...

Dieser ungenannte Professor wird weder der erste, noch der letzte Mensch und Patient sein, dem Tomas ,*draußen in der normalen Welt*' später wieder begegnet.

– 82 –

Akteneinsicht

„Der Patient nuschelt. Weigerte sich zuerst, die Hand zu geben, sondern versteckte sie hinter dem Rücken!" – Die freundliche Dame liest laut aus der Akte vor und wirkt ein bisschen amüsiert.

„Jetzt, wenn ich das höre, kommt es mir irgendwie bekannt vor", bestätigt Tomas. „Warum ich die Hand da nicht geben wollte, weiß ich heute nicht mehr. War ich so schüchtern? Oder wollte mir jemand die Hand geben, der mir davor mit Gewalt eine Spritze gegeben hatte? *Dem* wollte ich meine Hand natürlich nicht geben! Keine Ahnung! Doch, ich glaube, ich kann mich wieder dunkel erinnern, dass es so gewesen war! Aber es muss den Pflegern und Ärzten wohl sehr sonderbar vorgekommen sein."

Schachspielen mit einem mittätigen Verweigerer

Aus einer Aktennotiz:

Er spielt sehr gerne Schach mit dem Personal oder mit anderen Patienten und gewinnt nicht selten!

Im Schlafsaal erkannte Tomas den blonden Mann mit den schulterlangen Locken aus dem Garten der Dauerpatienten wieder. Dieser war bei der entsetzlichen Spritze in der Zelle auch mittätig gewesen und hatte, *wenige Tage später,* als die Pfleger eng im Garten beisammen standen, am lautesten über ihn gelacht, sich die Hand auf den Mund gepresst und trotzdem darunter losgepustet. (Mit einem dreifachen Hoch auf alle Gewissensbisse!)

Im Bett liegend konnte Tomas einem Zwiegespräch lauschen, über dessen Schwierigkeiten, seine Gewissensprüfung für Kriegsdienstverweigerer zu bestehen, und das strenge

Gremium von seiner *absoluten Gewaltfreiheit* zu überzeugen ... und all ihre raffinierten Fragen glaubhaft zu beantworten.

Vor allem das Ende des Gespräches wird Tomas fest in Erinnerung bleiben:

„Als ich dann hörte, dass ich nach Bethel zu den *psychisch* Kranken kommen sollte, habe ich erst gedacht: Au Weia! Das wird bestimmt schlimm! Aber *so* schlimm, wie ich mir das anfangs vorgestellt hatte, ist es hier gar nicht ..."

Das war, zumindest für Tomas' Empfindung, ein wenig sonderbar und kurios. Eigentlich war es ver-rückt! Denn er fand es hier sogar *noch schlimmer*, als er sich das zu Anfang vorgestellt hatte.

... als Erwachsener schreibt er:

Gedicht
... für einen blondlockigen Kriegsdienstverweigerer

Vor keinen drei Wochen
hast du mir Gewalt angetan,
heute spielen wir Schach zusammen

Ach wie ärgerlich,
dass ich dir, bereits nach wenigen Zügen –,
die Dame genommen habe

Tomas verbessert:

Nur drei Sätze
Gestern hast du mich vergewaltigt.
Heute spielen wir Schach zusammen.
Ärgerlich, –
dass ich deine Dame genommen habe.

Er wagt sich noch an eine dritte Version:

kein Haiku
Du hast mich vergewaltigt.
Wir spielen Schach zusammen.
Ärgerlich ... ich nahm dir die Dame.

Er überlegt, welche Version wohl die bessere sei. Er denkt: Man kann aus drei Sätzen eine Geschichte machen, aber manchmal ist es viel besser und klarer, aus einer kleinen Geschichte nur drei kurze Sätze zu formen.

Und er denkt: Nicht die Täter haben zu entscheiden, was eine Vergewaltigung gewesen ist; nämlich eine Vergewaltigung mit Sex oder eine Vergewaltigung mit Medikamenten. – Denn *mein Körper* gehört *mir*, und *meine Seele erst recht!*

Schlaflos im Schlafsaal

„Warum liegen Sie noch im Bett? Stehen Sie jetzt auf! Das Frühstück ist gleich bereit!"

„Ich kann einfach nicht mehr schlafen! Ich habe bestimmt schon drei Nächte hintereinander nicht mehr geschlafen; ich fühl' mich völlig fertig!" erklärte der Patient seine Situation.

Überraschend schnell und vollkommen unbürokratisch wurde dieses kleine, lästige Problem in klassisch eleganter Weise gelöst:

Das zur Pflege abgestellte Personal eilte herbei, umstellte das Bett, kippte und stellte es, unter unverstellt fröhlichem Gelächter, auf die Seite ...

Der Inhalt des Bettes fiel auf den harten Fußboden und blieb trotzig liegen.

Zwei Aktennotizen:

Die Gespräche mit dem Patienten sind allesamt unergiebig und nichtssagend.
Er wiederholt nur beständig, zu Hause und in der Schule sei er gesund, aber hier fühle er sich krank. Es ginge ihm in Bethel sehr schlecht. Er möchte viel lieber wieder in die Schule gehen. Er begreift nicht, dass dies nicht möglich sei.

Der junge Patient wird von den älteren nicht akzeptiert. Gespräche wären gut. Leider kein Psychologe vorhanden!

Akteneinsicht

„Also, dieses ‚Kompliment' die Gespräche mit mir, die seien nichtssagend gewesen, würde ich gern zurückgeben. Ich fand die wenigen Gespräche mit Dr. Sand oder mit den Pflegern insgesamt auch sehr oberflächlich. Ich finde, ich habe mit den einfachen Worten eines 14-Jährigen *alles für **mich** Wichtige* gesagt! Wenn ich mitteile, dass es mir zu Hause besser geht, als in Bethel, ist das nicht nichtssagend! – Natürlich hätte ich mich als Erwachsener besser erklären können und hätte wohl auch mehr Gehör bekommen."

„Wie oft haben sie denn miteinander gesprochen?" fragt die freundliche Dame.

„Also, *in der Zelle* hat mich Dr. Sand nur ein einziges Mal aufgesucht und gesprochen: am Tag der Einweisung. Nach diesem Erst-Gespräch hat er nicht mehr den Weg zu mir in der Zelle gefunden! Ich bin, *aufgrund meiner gravierenden Erfahrung*, der Meinung, wenn ein Arzt einen 14-jährigen Patienten und einen 17-jährigen gleichzeitig nebeneinander in zwei Zellen sitzen hat, dann sollte er dort mehrmals in der Woche nach dem Rechten schauen. Oder am besten *je-*

den Tag! Aber die ‚Stübchen' lagen ziemlich weit von der eigentlichen Station entfernt …

Rückblickend hätte ich natürlich vieles anders gemacht. Es wäre rückblickend sicher ein Leichtes gewesen, aus der entsetzlichen Zelle heraus in den Schlafsaal zu kommen. Ich hätte *von dort aus* nur einfach gleich am *nächsten* Tag nach Dr. Sand verlangen, und *ihn* ausdrücklich um eine Verlegung bitten müssen. Aber dazu war ich wohl noch nicht reif genug. Und ich konnte vor Angst kaum denken. – Ich dachte ja auch, manche Patienten im Schlafsaal wären gefährlich …

… und später, im Schlafsaal, hatte er es ja immer mit gleich 16 Patienten zu tun. Und mit denen aus unseren Dreibettzimmern noch dazu. Ich schätze, im Schlafsaal habe ich wohl mindestens zwei und höchstens vier kurze Arzt-Gespräche bekommen. Das weiß ich nicht mehr genau. Ich denke, aufgrund der Medikamente, wurde meine Erinnerung da bereits schwächer. Ich sehe viel weniger *konkrete* Szenen und Bilder als zu Anfang meines Aufenthalts."

„Und worüber haben sie geredet?"

„Wie schon hier in der Akte steht, habe ich wohl mehrfach wiederholt, dass es mir nicht gut geht und dass ich gern zur Schule möchte! Sonst fand ich die Gespräche, nach meinem nachträglichen *Empfinden*, tatsächlich erstaunlich belanglos! Aber was *wörtlich* geredet wurde, weiß ich heute nicht mehr. Nach meiner Meinung habe ich nichts Unnormales gesagt! Ich fand, dass ich im Grunde nichts Gravierendes angestellt hätte, und konnte natürlich auch nicht begreifen, *was* er **dann** von mir wollte. *Dass er allenfalls in einem Bericht etwas* **über mich** *gelesen haben könnte, was anscheinend überhaupt nicht gestimmt hat, das konnte ich nicht ahnen; und ich weiß nicht, ob* **er** *wohl geahnt hat, dass ich diese eigenartigen* **fernen** *Berichtschreiber, im Gegensatz zu meiner Mutter,* **nicht einmal persönlich kannte!** Ich erinnere mich aber noch relativ gut und bildhaft, dass Dr. Sand mich einmal vor dem Fernsehraum kurz angesprochen und gefragt hat, weshalb ich denn niemals fernsehen würde. Das war, glaube ich, unser letztes Gespräch vor seinem Urlaub. Danach bekam ich, nach meiner Erinnerung, *keine* Arztgespräche mehr. *Damals hat Dr. Sand als* **einziger** *Arzt in der Klinik mit mir* **persönlich** *gesprochen!* Kurz danach habe ich mich tatsächlich vor den Fernseher gesetzt! Es war nicht so, dass die Erwachsenen *mich* nicht erreichen konnten, aber im Gegenzug konnte ich *sie* nicht erreichen!"

„Weshalb haben sie zuerst nicht ferngesehen?"

„Ich wollte von mir aus ‚bewusst' leben, und habe, in den Monaten zuvor, nur überaus selten ferngesehen. Doch wenn ich mir dann einen Film gegönnt habe, habe ich ihn, interessanterweise, sehr viel stärker empfunden; war emotional stärker beteiligt, habe mehr gelacht und so weiter."

„Wie kamen Sie drauf, ‚bewusst' zu leben?"

„Zum großen Teil auch wohl aus religiösen Gründen."

„Wie religiös waren Sie in dieser Zeit?"

„Nach meiner heutigen Sicht: auf jeden Fall zu sehr! Ich habe damals übertrieben viel in der Bibel gelesen, habe mich aber nicht für Gott, Jesus, einen Propheten, Engel, oder den Teufel gehalten. Ich würde es selber zwar nicht als fanatisch bezeichnen. Aber trotzdem: *noch religiöser*, hätte ich dann **wirklich** nicht mehr sein dürfen! … über Religion habe ich mit dem Arzt aber nicht gesprochen. Aus eigenem Antrieb sowieso nicht. Er hat mich auch nicht gefragt. Ich finde es sehr seltsam und absurd, heute wie damals, wenn Ärzte; *ganz unsinnig und quasi routinemäßig*; bereits am ersten oder zweiten Tag Medikamente verschreiben, dabei **Gewalt** anordnen oder zulassen, und *danach* noch fleißig Vertrauen erwarten! Weshalb sollte ich mich jemandem öffnen, der mich in *den wesentlichen Punkten* von vornherein nicht ernst nimmt? – Aber: Von daher kann ich zustimmen, dass die Gespräche, *von beiden Seiten aus*, unergiebig waren. Sie haben mir in keiner Weise weitergeholfen!"

Zitate eines Arztes*

* Auszüge aus einem Interview auf der Homepage des Patientenvereins „Die Grille"

Der erwachsene Tomas findet im Internet ein Interview mit einem Arzt, der 1969 (2 Jahre vor Tomas) nach Bethel kam und über seine Arbeit in der damaligen Männer-Psychiatrie berichtet. Tomas liest:

» … und es *(eine psychiatrische Männerklinik in Bethel)* war wirklich ein grausamer Ort. Es war sehr dicht belegt.«

»Zu der Zeit war man als Assistenzarzt praktisch autonom, es gab einfach so wenige. Es wurde wenig kontrolliert, aber auch wenig angeleitet. Entweder machte man nichts oder man machte viel. Man hatte in der Männerpsychiatrie die Möglichkeit für viel Freiraum.«

»Wir haben z. B. den ersten Psychologen nach Bethel geholt,« … »Heute gibt es ja ganze Armeen davon. Damals war das ganz schlimm. Wozu brauchen wir sowas?«

»Da arbeitete ich auf sechs geschlossenen Männerstationen, das waren 120 Patienten, zeitweise war ich allein. Ich habe sogar eine Zeitlang doppeltes Gehalt gekriegt, weil ich Tag und Nacht da war.«

»Als ich dann nach« … *(Ort außerhalb Bethels)* »kam und die Stationsärzte mir sagten, sie hätten jeder neun Patienten und würden vor Arbeit zusammenbrechen, dachte ich nur: Die müssen doch einen an der [..] haben.«

(Derselbe Arzt sagte über die damaligen Verhältnisse im Haus Kidron: »so eine anständige Psychiatrie«)

Die Zeit der 20 Pillen

„Das sind nicht meine Medikamente!" Beim Essen starrte Tomas ungläubig in das für ihn bestimmte Pillenschälchen aus Metall, in dem 7 Tabletten in den unterschiedlichsten Farben und Größen lagen. „Die müssen verwechselt worden sein!"

„Geben Sie her, ich sehe mal nach." Nach einer Weile kam der Pfleger zurück. Ein wenig verärgert blickte er den Jungen an: „Doch, *das* sind Ihre!"

„Ich habe doch immer nur die Tropfen und dazu zwei weiße Tabletten!" protestierte Tomas.

„Herr Doktor Sand ist jetzt in Urlaub, *die hier* hat Ihnen Dr. Pfeffer verschrieben!"

„Aber … mit dem habe ich noch *nie ein Wort* gesprochen! Wie kann er mir *dann* etwas verschreiben? Der *kennt* mich doch gar nicht!"

„Ja, aber er hat Ihre Akte gelesen!"

Tomas fragte sich, was wohl in seiner Akte stehen könnte?

*

Dr. Pfeffer war ein älterer Arzt. Er hatte ein – auf Tomas – unnahbar und steif wirkendes Gesicht, und zeigte sich, im Gegensatz zu Dr. Sand, stets in einem weißen Kittel. – Die Kittelfrage wurde auf der Station öfters heiß diskutiert. Besonders Paul Milgram sah einen großen Fortschritt darin, dieses Statussymbol einfach fortzulassen: Auf diese Weise sollte ein Abstand zu den Patienten vorgeblich vermieden werden. Diesem neuen Trend folgte nicht jeder Arzt.

Tomas hingegen, bei dieser und auch anderen Fragen, zwar ohne gültiges Mitspracherecht ausgestattet, überlegte für sich, welchen Unterschied so ein rein äußerliches Zeichen ausmacht.

Der weiße Kittel war ihm eigentlich, im Grunde genommen, eher, so ziemlich, schnurz, piep und egal. Er hätte stattdessen andere, weitergehende, und möglicherweise wichtige-re, Reformvorschläge gehabt.

Bislang hatte Tomas noch nicht beobachten können, dass Dr. Pfeffer persönlich mit einem Patienten gesprochen hätte. Ohnehin hatte Tomas ihn selten gesehen, und dann war der Arzt immer nur für kurze Zeit auf die Station gekommen. Bei diesen Visiten wurde Dr. Pfeffer links und rechts von Pflegern, von jeweils einem oder zweien, flankiert. Ab und zu wies er einen Pfleger an, diesen oder jenen Patienten et-was zu fragen.

Auf ein Handzeichen des Arztes hin, war einmal ein Pfle-ger aus der ärztlichen Eskorte zu Tomas ans Bett gekom-men. Er stellte eine einzige, Tomas eher unwichtig erschei-nende Frage, ging dann zurück zum Arzt und berichtete.

Der Patient Tomas hätte dem Herrn Doktor Pfeffer nur zu gerne auch selber ein paar Fragen gestellt; zum Beispiel, warum er eigentlich Medikamente bekomme, die er nicht vertrage, und ob es nicht viel besser für ihn wäre, wieder zur Schule zu gehen? Leider war dies über die weite Distanz, von ungefähr fünf Metern, nicht gut möglich. Ob gerade *das* wohl der Sinn dieser Übung war?

*

Einige der neuen Tabletten kamen Tomas riesig vor. Eine kugelrunde weiße erinnerte Tomas an die Kaugummis aus einem Automaten; er hatte zuerst große Schwierigkeiten, sie hinunter zu bekommen. Er bat einen Pfleger, sie zu zer-schneiden. „Das geht nicht, die Wirkstoffe werden sonst von der Magensäure zerfressen!"

Für Tomas brach nun in der Klinik eine neue Ära an. Er wird sie – nach der täglichen Ration Tabletten – insgeheim die ‚Zeit der 20 Pillen‘ nennen. Und sie wird – bis auf einige wenige Erinnerungen – als eine Lücke in seinem Gedächtnis zurückbleiben.

Über die zeitliche Dauer dieses Gedächtnisverlustes könnte er selber nur schwer eine verlässliche Aussage treffen. Hätte ihn jemand während dieser dumpfen Zeit gefragt, wie lange er jetzt in dieser Klinik sei, hätte er raten müssen. Aber eines Tages wird er aus seiner Akte mehr erfahren.

Die wenigen ihm gebliebenen Erinnerungen aus diesen *Wochen? Monaten?* werden später immer von einem seltsam schwammigen und irritierenden Gefühl begleitet, das ihn noch Jahre später überkommt, jedes Mal, wenn er daran zurückdenkt. Dieses Gefühl ist nicht vollständig beschreibbar. Wie einem dichten Nebel ähnlich und doch wieder anders. War es so, oder war es nicht so?

Alle **Erinnerungen** aus der ‚Zeit der 20 Pillen‘ werden nur schwer greifbar bleiben, wie böse Träume:

Die Lehrerin hatte von den Kindern verlangt, zur Abwechslung, wie sie sagte, einmal nicht durch die Turnhalle zu laufen, sondern über den Boden zu rollen, von einem Ende der Halle bis zum anderen. Tomas hatte das Plansoll wacker übererfüllt, er war nicht nur einmal durch die Halle gerollt, sondern auch wieder zurück.

Als er danach aufstand, schien der Fußboden zu schaukeln. Erst war die eine Ecke der Turnhalle in die Höhe geschnellt – und Tomas glaubte fast an einem Berghang zu stehen –, dann plötzlich eine andere Ecke und so fort: Er war hingeplumpst und musste noch eine Weile auf dem Boden sitzen bleiben – neben zwei anderen Jungen, denen es ähnlich erging – und die Lehrerin hatte laut geschimpft, die Stunde wäre zu Ende und sie dürften nicht so trödeln …

Augenblicklich erinnerte sich Tomas an dieses Drehwurm-Erlebnis als Drittklässler zurück. Die Ecken des Schlafsaales hoben und senkten sich, der Fußboden wankte, wie ein Schiff auf hoher See. Tomas war aus dem Bett gestiegen, ungefähr fünf Schritte weit gekommen und dann hingefallen. Diese fünf Schritte kroch er jetzt auf allen Vieren zurück und hob sich in sein Bett. – Ein neuer Versuch, an den Mittagstisch zu gelangen, empfahl sich nicht, sobald er sich auch nur bis zur Sitzhöhe aufrichtete, bewegte sich scheinbar das Bett. Also blieb er liegen und sah zu, wie die anderen Patienten zum Essenstisch strömten.

Ein Pfleger kommt, er schnaubt: „Wollen Sie nicht zum Mittagessen?!"

„Mir ist total schwindlig", entschuldigt sich Tomas, „wenn ich mich aufrichte, dreht sich gleich alles."

„Mal schauen, was *wir* da machen!"

Tomas bekommt Angst: Gleich wird der Pfleger zurückkommen und weitere Pfleger mitbringen, sie werden verlangen, dass er aufstehen soll und an den Mittagstisch gehen, aber er kann es nicht, kann es ja wirklich nicht!

Höchstens noch über den Boden kriechen kann er, und wie soll er dann bloß am Tisch sitzen bleiben, wenn ihm sofort wieder schwindlig wird?

Dann werden die Pfleger ihn, weil er nicht aufstehen kann, aus dem Bett kippen und laut, laut, laut auslachen: So, wie schon einmal …

Der Pfleger kommt *alleine* wieder. Welch ein Glück! Er ist ganz freundlich! Glaubt Tomas, dass er jetzt nicht aufstehen kann! Misst erstmal den Blutdruck! Bringt sogar das Essen ans Bett!

„Sie hatten einen Kreislaufkollaps!" erklärte er. „Wahrscheinlich haben Sie die Medikamente nicht vertragen. Sie bekommen was zur Unterstützung!"

So fand Tomas, bei der nächsten Medikamentenausgabe, eine weitere Pille im Angebot, aber sein Zustand wurde kaum besser. Er stand nur noch auf, wenn es sich wirklich nicht vermeiden ließ.

Eine zweite Erinnerung … Sie liegt länger zurück … wohl aus den ersten Wochen in der ‚Zeit der 20 Pillen' … viel undeutlicher … halb im Nebel: Ein junger Mann kommt an Tomas Bett … „Ich kenne Sie!" sagt Tomas gleich … Ja, er ist sich sicher: Sie kennen sich zufällig … Von einer Stadtranderholung … Er heißt Manfred und hat bei der Stadtranderholung die Kinder beaufsichtigt … Tomas weiß noch, dass Manfred für die Kinder oft Gitarre gespielt und prima gesungen hat … meist Lieder aus dem Heftchen „Die Mundorgel": »Die Affen rasen durch den Wald« … »In einen Harung, jung und schlank« … »verliebte sich, o Wunder, 'ne olle Flunder« …

Auch Manfred hat Tomas gleich wiedererkannt … Er fährt mit ihm zu einer anderen Klinik … Sie gehen langsam über einen großen, grauen Hof … Zu einem gelblichen Gebäude … Tomas ist halb wie in Trance … Er stolpert über einen Randstein … Wäre beinahe hingefallen … An Flucht ist nicht zu denken … Dazu wäre er jetzt einfach zu schwach!

Er wird untersucht … Gehirnschrift … Wieso erst jetzt, wo er doch schon seit vielen Wochen in Bethel ist? … Ultraschall vom Kopf … Die Elektrode schmerzt …

„Alles normal!" befindet der Arzt.

Der Mann Manfred bringt den Jungen Tomas wieder auf die Station und *in sein Gefängnis* zurück.

Bei sehr scharfem Nachdenken fallen dem erwachsenen Tomas sogar weitere Einzelheiten des Untersuchungsgespräches ein: Er hatte beim Arzt nachgefragt, wozu die Ultraschall Untersuchungen gut seien.

„Ich stelle fest, wie groß der Unterschied zwischen den Gehirnhälften ist."

„Sind die nicht immer gleich groß?"

„Nein, meistens ist eine Seite größer, nur wenn der Unterschied zu groß ist, ist das ungünstig! Bei Ihnen scheint überhaupt kein Größenunterschied messbar zu sein. Das ist eher selten!"

Nun will der Arzt es ganz genau wissen. Und er drückt die Elektrode noch fester an Tomas Schläfe, bis es schmerzt. Leise stöhnt Tomas auf. Der Arzt beendet die Untersuchung: „Wahrscheinlich gibt es doch minimale Unterschiede, das ist aber nicht wichtig!"

*

Es ist mitten in der Nacht, Tomas liegt mit seiner Hose im Bett, weil ihm das Ausziehen, nach dem Abendessen gestern, wegen der starken Medikamente, als zu mühselig und zu anstrengend erschienen war. Nun sieht er die Nachtwache herankommen, die ihn verärgert anstößt, er solle sich doch ausziehen.

Tomas wundert sich, weil er beim Anstoßen ein deutliches Gefühl hatte, aus dem Schlaf aufzuwachen. Und dabei hat er den bärtigen Pfleger vorab doch näherkommen sehen … Schläft er denn schon mit offenen Augen?

Die Medikamente heben den Tagesrhythmus auf. Was tagsüber so stark dämpft, hält ihn nachts stetig wach. Der Unterschied zwischen Tag und Nacht verschwimmt immer mehr …

*

Zuletzt die äußerst schwache Erinnerung an einen älteren Patienten, der nachts an die Betten tritt, um anderen Patienten, und einmal auch Tomas, zu drohen, ihnen würden bald die Beine abgeschnitten …

Aber sonst ist nichts mehr da … nur eine große Leere …

Akteneinsichtig

„Es ist durchaus glaubwürdig, dass ein Jugendlicher, der mehrmals täglich zwei starke Neuroleptika bekommt und dazu zwei Antidepressiva, *in solch hoher Dosierung*, derart danebenliegt, wie sie mir das gerade beschrieben haben!" bestätigt die freundliche Dame.

„Diese Zeit, in der mich Dr. Pfeffer ‚behandelt' hat, nannte ich insgeheim die *Zeit der 20 Pillen*", erklärte Tomas weiter, „die Bezeichnung habe ich mir schon damals ausgedacht! Ob es wirklich *ganz genau* 20 Pillen am Tag waren, weiß ich nicht. Ich glaub eher, dass ich auch die Tropfen, die ich dreimal täglich bekam, noch als ‚Pillen' zugezählt habe. Und ich wundere mich, dass es *eine so lange Zeit über* immerzu die gleiche Medikation gewesen sein soll, wie es hier in der Medikamentenliste steht. Ich erinnere mich gut, wie ich stets misstrauisch in mein Pillenschälchen geäugt und ständig Unterschiede in der Farbe und Größe ausgemacht habe. – Ich habe mich immer gefragt, wie man einen 14-jährigen Jungen nur derart fertig machen kann? Auch bis heute weiß ich nicht, was ich damals hätte tun oder sagen können, um weniger Tabletten zu bekommen. Ich glaube, die Erwachsenen sahen in mir nur einen bockigen Jugendlichen, der *ihnen* Probleme bereitete. Aber darauf, dass sie *mir* auch Probleme machten, und zwar die **allerschlimmsten** Probleme, auf diese Idee kamen sie wohl einfach nicht, so ersichtlich es meines Erachtens auch war. Sie dachten scheinbar gar nicht erst darüber nach! – Für mich war es so, als ob man mich mit den vielen Tabletten nicht mehr wahrgenommen hätte, als hätte man mich im Schlafsaal schlichtweg vergessen! Da war ich nur wie ein Objekt oder ein Gespenst, kaum zu sehen. Ich erinnere mich hauptsächlich, wie ich zuletzt nur immerzu im Bett liegen konnte, und mich die ganze Zeit gefragt habe: *Was wollen die hier nur von mir?* ... und leider kann ich bis heute nur sagen, **was** passiert ist, und **wie** ich es erlebt habe, nach dem **WARUM** habe ich später selbst immer wieder gefragt! – Die Ärzte haben sich von mir nicht in ihre Karten oder Köpfe gucken lassen. Eine *Diagnose* habe ich nicht erfahren."

„Es kann möglich sein, dass man Sie als *selbstmordgefähr-det* angesehen hat!" mutmaßt die freundliche Dame.

„Ja, das wäre möglich! Einmal hatte ein Pfleger davon geredet!" Tomas nickt erst, und schüttelt dann seinen Kopf: „Aber es stimmt nicht! Wenn ich mich tatsächlich hätte umbringen wollen, hätte ich es **in der Zelle** getan, wegen der **Isolation**! Die Gelegenheit dazu hätte ich gehabt! **Nur dort** hatte ich tatsächlich einmal Selbstmordgedanken. **Außerhalb** der Zelle hab' ich im Leben nicht an Selbstmord gedacht!"

Aufwachen

Tomas erwachte, weil jemand sein Gesicht berührt hatte. Er schlug die Augen auf, sah seine Oma vor sich stehen. Sie hatte sich wohl leise an sein Bett geschlichen. Jetzt streckte sie nochmal die Hand aus und streichelte zart sein Gesicht. Sie sagte nichts, schien verwirrt zu sein …

Die verwirrte Oma tat ihm leid. Sie war zuletzt von Jahr zu Jahr immer verwirrter geworden. Und sie hatte ihn geliebt, von klein auf. Er fand es nicht richtig, dass die Mutter manchmal so ruppig mit der Oma war. Er selber versuchte, seine Oma sanft in die richtige Richtung zu führen, und ihr die Dinge zu erklären. Oft klappte das recht gut, und er meinte, sie besser lenken zu können, als die Mutter; aber manchmal halfen auch alle Erklärungen nicht.

*Einmal hatte seine Oma Kartoffelpuffer für ihn gebacken, seine Lieblingsspeise, doch sie hatte Salz mit Zucker verwechselt: Er hatte ihr das bestimmt schon zehnmal erklärt, aber sie gab immer **noch mehr** Salz an den Teig. Zwischendurch steckte sie einen Finger in den Teig und probierte ihn. Er war ihr nicht süß genug: **Und noch mehr Salz!** Mit einem Esslöffel fügte die Oma immer **noch mehr Salz** dem Teig hinzu …*

*

Der Junge ahnte nicht, dass er eines Tages selbst eine andere Art von Teig sein würde. Ein schutzloser, unmündiger Teig, den man (ohne jede wahre Not) notfalls auch *mit Gewalt* ‚gesund' machen wollte:

Erst Haloperidol?

Mehr Salz!

Dann Haldol?

Mehr Salz!

Dann Glianimon? *(Eines der stärksten Neuroleptika!)*

Dem Patienten geht es heute wirklich sehr schlecht?

Noch mehr Salz!

Zwei unterschiedliche Psychopharmaka und zwei Antidepressiva zugleich!?

Nanu? Es half nicht? – Unser Patient wirkt heute wieder recht apathisch und antriebsarm?

Also noch mehr Salz!

Nanu, nanu, nanu! Sogar das zusätzlich verabreichte etwaige Versuchs-Präparat *Tsp.23** bringt für unseren Patienten keine Verbesserung?!

Und? – *was nun*, Herr Doktor Pfeffer?

Kurze Aktennotiz:

Das Medikament Tsp.23* brachte keinerlei Verbesserung!

* **Anmerkung:** *Nach einer neueren Information des Autors handelt es sich hierbei wahrscheinlich um einen Vorläufer des Medikaments Melleril.*

Aufwachen! Aufwachen! Aufwachen!

Aus einer Aktennotiz:

Dem Patienten wurde vorgehalten, dass er den ganzen Tag nur im Bett läge. Alles hänge auch von seinem Einsatz ab. So könne er vergessen, hier bald wieder heraus zu kommen und in die Schule gehen zu können. Er sei so auch eine schwere Last für seine Mutter, würde ihr damit auch keine Ehre machen: Diese müsse sich für ihren Faulpelz ja schämen.

Daraufhin zog der Patient sich sofort an, und ging einige Zeit auf der Station umher.

Doch mit einem Male war bei Tomas eine unerwartete *Verbesserung* eingetreten …

Das Mittagessen war vor wenigen Minuten zu Ende gegangen, soeben wurde der große Teewagen mit den abgeräumten Töpfen und Tellern aus dem Essensraum gefahren.

Tomas hatte den Tisch als einer der Letzten verlassen, und lief nun, ohne irgendeinen besonderen Grund oder Anlass, aufmerksam auf der Station umher. Da waren Patienten und Pfleger zu sehen, – die man vielleicht sogar ansprechen konnte! Es gab einen Flur, den man entlang gehen, oder Fenster, aus denen man schauen konnte, einfach so! *Das alles hatte er seit einer so langen, langen Zeit nicht mehr getan!*

*

Zuletzt hatte er lediglich an den Mahlzeiten teilgenommen. Selbst das bereitete ihm große Mühe. Durch den inneren Nebel, der ihn und seine Seele umschloss, schleppte er sich, dreimal täglich, die kurze Strecke bis an den Essenstisch. Der Junge fühlte sich so kraftlos wie ein alter Mann. Seine Schritte waren schlürend, der Gang haldoltypisch steif, gebeugt und bedächtig geworden; und damit der Gehweise manches Dauerpatienten nicht unähnlich.

Nach dem Essen fiel er sogleich wieder ins Bett. Der unsinnig gequälte Junge, gegen Ende der ‚Zeit der 20 Pillen‘, fühlte sich nicht mehr imstande, irgendetwas anderes zu tun. Er hüllte sich fest in seine Bettdecke ein, meist bis über den Kopf, versuchte nicht zu denken, versuchte nicht zu empfinden, und dämmerte dann stundenlang still vor sich hin. Er legte einen starren Panzer um seine Seele!

Dabei hatte es, noch vor kurzem, einmal einen Tomas gegeben, der selbst einen kurzen Mittagsschlaf stets als eine; von den oftmals so tyrannischen Erwachsenen erdachte; Schikane angesehen hatte.

Station und Pfleger hatten sich wohl inzwischen an seinen Zustand gewöhnt. Nie wieder wurde das Bett mit dem Patienten Tomas ausgekippt, auch wenn er sich nun praktisch den ganzen Tag darin aufhielt.

Mittlerweile glitten ihm auch die größten Tabletten völlig problemlos durch den Schlund. Selbst die weißen Kugeln in Kaugummigröße, die Tomas zuerst noch zerschneiden wollte, bereiteten nun keine Schwierigkeiten mehr bei der Einnahme. Er schluckte die bunte Pillenmischung der Reihe nach: Schnell, geläufig und so sachlich wie ein Gewohnheitstrinker seinen Apfelkorn. Keine Flüssigkeit war mehr nötig, um sie hinunterzubringen, er spülte nur pro forma mit den Tropfen nach.

Die Wirkungen dagegen bereiteten dem Jungen durchaus heftigste Schwierigkeiten und Probleme. Die Stärke der Wirkung war, hätte man ihn gefragt, mit nicht weniger als ein bis zwei Litern Korn täglich, auf drei Portionen verteilt, zu vergleichen.

Aber so massiv und offensichtlich die Schwierigkeiten auch waren, seltsamerweise wurden diese scheinbar nur vom Patienten selber bemerkt, nicht aber von den Ärzten und dem Personal. Glaubten sie *wirklich* an das, was sie taten? Glaubten sie *wirklich*, ihm *damit* zu helfen? Darüber wunderte sich das **Objekt** Tomas sehr. Auch später, als junger Erwachsener, wird er es kaum wirklich verstehen können.

Noch später wird er es in seiner Akte lesen. Und er wird zu der Überzeugung gelangen: Es gab tatsächlich damals keine Möglichkeit, sich verständlich zu machen. Die Ärzte glaubten noch so felsenfest an ihre unsäglich „helfenden" Tabletten, wie an ein goldenes Kalb, sie konnten oder wollten diese Schwierigkeiten weder wahrnehmen noch wahrhaben.

*

Doch in den letzten Tagen war, wie eingangs gesagt, bei unserem **Patientenobjekt** eine unverhoffte, sprunghafte Verbesserung eingetreten! Von einem Tag auf den anderen war der Kopf wieder klar geworden. Tomas konnte wieder am Leben der Station teilhaben! Denn zirka eine Woche zuvor hatte ein neues Medikament im Pillenschälchen gelegen. Da rebellierten Körper und Magen des Jungen endlich gegen die Chemie: *Ihm wurde übel.* * – Speiübel wurde ihm! Nach fast jeder Mahlzeit musste er sich mehrfach übergeben.

***Anmerkung:** Ob tatsächlich der Pillenmix oder doch nur eine Infektion zum Erbrechen führte, lässt sich nachträglich nicht sicher belegen. Doch der Autor vermutet ersteres!*

Und *mit einem Mal* hatten die nebelgrauen Tage ihre Farbe zurückbekommen. Und auch sein Gedächtnis kehrte zurück. Es war gerade so, als hätte jemand in seinem gequälten, stumpfgewordenen Gehirn das Licht wieder angeknipst. Nun konnte er wieder klar und logisch denken, wahrnehmen, handeln. Die Psychopharmaka der 20 Pillen hatten die Herrschaft über sein Gehirn verloren. Er fand wieder zu sich, wurde wieder er selbst.

Da hatte er etwas Wichtiges gelernt: *das Kotzen.*

Als die Übelkeit nicht mehr von alleine kam, half er nach.

Nach jeder Medikamentenausgabe, die ja jeweils immer zu den Essenszeiten stattfanden, rannte er gradewegs zum Klo, um sich den Zeigefinger tief in den Rachen zu stecken.

,Tausendmal besser zu hungern, als Medikamente!', sagte er zu sich. Trotzdem achtete er sorglich darauf, dass die Tabletten möglichst erst *nach dem Essen* in den Magen kamen. So brauchte er nicht alles auszukotzen. Manchmal, wenn ein Finger nicht ausreichte, steckte er sich gleich zwei oder drei tief in den Hals. Das klappte immer, und mit einem Teil jeder Mahlzeit kam auch das Gift heraus. Es war herrlich! **Welch eine Befreiung!** Warum, warum bloß, war er nicht schon viel, viel früher darauf gekommen? – Tomas Verhalten fiel dem Personal nicht weiter auf. Oder ob es manchen Pfleger nicht weiter kümmerte? Freilich schaute man *keinem* so oft kontrollierend in den Mund, wie Tomas! Dagegen bekam ein Großteil der Patienten, mit denen er ja schließlich Tag und Nacht den großen Schlafsaal teilte, schnell mit, wohin der Hase lief. Als Tomas mal wieder vor der Kloschüssel kniete und vor lauter Eile vergessen hatte, die Toilettentür hinter sich zu schließen, konnte er mit anhören, wie sich zwei Patienten laut über ihn mokieren: *„Wenn ich mir die Finger in 'nen Hals reinstecke, muss ich auch kotzen!"*

Na, Hauptsache: Niemand verriet ihn! *Solange ihn niemand verriet, war ihm alles egal!*

Bei der Akteneinsicht

„Irgendwas an Ihnen muss den Mitarbeitern *komisch* vorgekommen sein!" meint die freundliche Dame.

„Das kann schon sein! Meine Haare sahen sicher *ziemlich komisch* aus!"

„Warum sagen Sie, dass Ihre Haare komisch aussahen?"

„Weil meine Mutter mir kein Geld für den Friseur gegeben

hatte, und ich versucht habe, sie selbst zu schneiden, um in der Schule nicht aufzufallen. – *Das* fiel dann auf!"

„Ich meinte aber noch etwas *anderes*."

„Ich glaube, generell hat es sie in der Klinik gewundert, dass ich Angst vor ihnen hatte. Zu Anfang einmal, kurz nach der gewaltsamen Spritze, bin ich vor Angst in ein Duschzimmer geflüchtet, hab versucht, mich dort einzuschließen. Ich wollt immer fliehen! Sicher kam ihnen das komisch vor, denn schließlich wollten sie mir ja *helfen*, und glaubten ja – *komischerweise* – tatsächlich mir zu helfen, wozu dann diese Angst? Und dann habe ich ihre sagenhafte „Hilfe" ja auch noch abgelehnt! Demnach war ich noch Krankheitsuneinsichtig obendrein! Auch die Medikamente machen, dass man komisch wirkt. – Mir kam es damals vor, als ob man mir, *mit der Chemie*, die Seele rauben will! – Ich hätte mir, *statt dem*, *tatsächliche* Hilfe gewünscht. Am besten von einem verständnisvollen Pädagogen. Natürlich wäre es sehr wichtig gewesen, *jemanden* zum Reden zu haben. Und als minderjähriger Junge auch *Rechte* eingeräumt zu bekommen. Vermutlich wirkte ich allein deswegen komisch, weil ich unmündig war, folglich nicht mitreden durfte, mich daher ausgeliefert fühlte, und meine Situation ohne Mitsprache auch nicht verstanden werden konnte. Sonst hätte ich mich bestimmt *ganz anders* und nicht so *panisch* verhalten. Und dann, mit der vielen ‚Medizin', habe ich mich quasi ‚gar nicht mehr' verhalten. In die Beschäftigungstherapie, die mir zuvor ja durchaus Spaß gemacht hatte, konnte ich nicht mehr gehen, beim besten Willen nicht! Offenbar fanden sie mein *Nichtverhalten* dann ebenso merkwürdig und komisch wie *meine Angst* vor ihnen?!

Was ich damals gewünscht und gebraucht hätte, war vor allem die räumliche Trennung von meiner Mutter. Ich wäre auch gern freiwillig in ein Heim oder Internat gegangen und hatte vorher zu Hause manchmal vielleicht zu offen darüber gesprochen."

Wie ein alter dummer Witz beinahe wahr wird!

Tomas' Blick fiel auf die Tür, die vom Essensraum aus in den Garten führte. Ein Zucken durchlief seinen Körper! Die Tür stand offen! Stand tatsächlich einen Spalt offen! Dieser Garten wurde nicht von hohen, stacheldrahtbewehrten Mauern umgeben, wie jener Garten der Dauerpatienten, hier gab es nur einen einfachen Zaun …

Ohne Zögern ging er zu seinem Bett. Schnurstracks! Möglichst unauffällig! Das Herz klopfte. Er öffnete die Nachtschranktür, nahm seine braunen Straßenschuhe heraus und zog sie eiligst an: *Hoffentlich wundert sich jetzt niemand!*

Im Essensraum stand nur noch ein einzelner Patient: *Der könnte sein Vorhaben immer noch verhindern!* Der Mann richtete die Augen auf ihn, sagte aber nichts, keinen Ton, warf ihm bloß einen halb fragenden, halb wissenden Blick nach. So schlüpfte der Junge schnell in den Garten hinaus.

Draußen schaute er sich erstmal um. Er blickte mehrfach in alle Richtungen. Der Garten war leer. Tomas schaute auch in die Fenster der Klinik. Niemand beobachtete ihn.

Flink kroch er in ein dichtes Gebüsch mit handtellergroßen hellen Blüten, sehr nah an einem schmalen Fußweg, und hockte sich hinein. Hier wollte er abwarten …

*

Einmal erzählte Herr Kimme vor seiner Schulklasse einen Irrenwitz: *„Zwei Verrückte, die ausbrechen möchten. Dabei müssen sie über ein Blechdach klettern. Aber unten sitzt ein Wärter!*

Was machen wir, damit der Wärter nichts merkt? – Wir tun so, als ob wir Katzen wären!

Der erste Irre schleicht über das Blechdach. Ganz leise: taptaptap …

*Der Wärter hört es: Hallo, wer ist da? – **Miau! Miau!** – Ach so, 'ne Katze!*

Jetzt klettert auch der zweite Irre über das Dach. Ganz laut: Tap! Tap!! Tap!!! Tap!!!!
*Wer ist da? – Er ruft: **Noch 'ne Katze!!!**"*

Die Worte des zweiten Irren rief Herr Kimme – der zuvor schon durchdringend und herzhaft miaut hatte – mit einer noch um einige Dezibel lauteren Stimme aus, als man ohnehin von ihm gewohnt war.

Nun durfte Hannelore, ihro Gnaden ungekrönte Miss der achten Klasse, ebenfalls einen Irrenwitz erzählen. Dazu stand sie auf.

Wenigstens hat der Kimme ja einen guten Geschmack, was Mädchen angeht, dachte sich Tomas. Meist ruft er die hübschesten auf. Ganz anders, als zum Beispiel der ältere Herr Beckmann. – Tomas erinnerte sich noch gut, dass Herr Beckmann während des Unterrichts einmal zwei Mädchen aufstehen ließ: die hübsche Hannelore, in die Tomas heimlich verliebt war, und Dagmar, die man guten Gewissens auch als ,die graue Maus der Klasse' bezeichnen konnte. Nun begann Herr Beckmann das ,Mäuschen' Dagmar vor der ganzen Klasse zu loben, über den grünen Klee sozusagen, während er den Klassenschwarm Hannelore als „Dumme Gans" vorstellte.

Tomas wusste nicht, wie seine Mitschüler diese Be- oder Verurteilung aufnahmen; aber hatte nicht Lehrer Beckmann, in erster Linie, *ein Urteil über sich selber gesprochen?*

Hannelore fing an, albern zu kichern! Ihr Kichern hatte beinahe den gleichen Rhythmus, beinahe die gleiche Tonhöhe, wie das Schnattern einer aufgedrehten Gans: vor dem Eingang zum Schlachthof. Sie unterstrich damit noch die Worte des Lehrers – war sie denn wirklich eine?

Tomas fragte sich, ob es Hannelore auch bewusst war, dass sie mit ihrer Schnatterei noch Herrn Beckmann Recht gab. Er hätte sich gewünscht, dass sie etwas sagt, dass sie sich wehrt, vielleicht den Lehrer seinerseits als „plumpen Hornochsen" bezeichnet; oder ihm wenigstens vor der Klasse erklärt, dass sie keine dumme Gans sei und dass sie sein Verhalten im Augenblick auch dumm und blöde fände! – Aber Tomas traute sich selbst ja ebenso wenig, dem Herrn Kimme mal offen die Meinung zu sagen. Manchmal stellte er sich vor, mitten im Unterricht aufzustehen, gleich nachdem der Kimme ihn wieder mal aufs Korn genommen hatte, und einfach laut zu sagen: „Herr Kimme, ich halte Sie für einen schlechten Pädagogen." Oder irgendeinen anderen, möglichst erwachsen klingenden Spruch. Wie hätte der Kimme wohl reagiert? Erst mal dumm geguckt, dann den vorwitzigen … frechen … nein, unverschämten! Schüler sicher nicht ernst genommen, und sich weitere Repressalien einfallen lassen? Oder hätte er etwa geweint, und wäre gleich zum Rektor hingeschossen, um sich über ihn zu beschweren? – Oder hätte er plötzlich angefangen, ihn ja doch ernst zu nehmen?

Denn manche Erwachsenen mögen einfach kein Selbstbewusstsein, solange man noch jung ist. Ein Grund mehr, selbstbewusst zu werden und zu sein. – *Vielleicht lernen sie es ja dann?*

Die Angst vor Erwachsenen mag durchaus begründet sein. Mit manchen von ihnen ist keineswegs immer gut Kirschen essen. Es sind ja nicht automatisch immer Vertrauenspersonen! Vorsicht ist sicher angesagt! Denn sie haben Macht! Allerdings: Hätte Tomas zuvor nur ein Stückchen in seine Zukunft sehen können, hätte er geahnt, was Erwachsene tatsächlich anrichten können, dann hätte er über diese seine Angst vor diesem „seinem" Lehrer, bestimmt viel lauter und viel länger gekichert, als die nicht widersprechende Hannelore über die „Dumme Gans". Und dann dem ohnmächtigen Herrn Kimme, der ihm ja schlimmstenfalls nur eine Sechs hätte geben können, hoffentlich tapfer und offen die Meinung; die „Wahrheit"; gesagt.

Denn merke: Man kann und soll nicht immer und überall

frech die Wahrheit sagen, aber wenn man es schon kann, sollte man die Gelegenheit auch nutzen!

… doch nun erzählte Hannelore vor der Klasse und Herrn Kimme ihren Witz: „*Zwei Irre beschließen, aus der Klapsmühle auszubrechen. In der Nacht steigen sie durchs Fenster und klettern über den Zaun. Doch am nächsten Morgen klingeln sie wieder an der Tür. Was sollte das denn? Warum seid Ihr schon wieder da? fragt der Irrenwärter erstaunt. – Das war doch nur* **die Probe!**"

Die Klasse lachte. Tomas fand Hannelores Witz viel besser, als den von Herrn Kimme.

*

Der Nachmittag im Gebüsch ging sehr langsam vorüber. Nur wenige Menschen waren im Garten unterwegs. Dreimal hörte Tomas, auf dem Weg neben sich, Stimmen und vorbeigehende Schritte. Nach annähernd vier Stunden konnte er in der Ferne für längere Zeit eine Polizeisirene vernehmen. Hatte man ihn bereits vermisst? Galt die Sirene ihm? Die Polizei schien kreuz und quer durch den Ort zu fahren, immer wieder. Vielleicht dachten sie, dass er bereits über den Zaun gesprungen sei, und in Bethel umherliefe? In seinem Versteck fühlte er sich sicher.

Mit der Zeit wurden die Beine taub. *Ich muss unbedingt mal aufstehen und sie bewegen!*, dachte er. In einem Augenblick, als er sich unbeobachtet wähnte, wagte er es. Vorsichtig stand er auf, und fiel auf der Stelle – in des Wortes doppelter Bedeutung – wieder um: Vom langen Hocken waren die Beine blutleer und kraftlos geworden, sie trugen sein Gewicht nicht mehr.

Tomas knetete, rieb und streckte sie, bis Leben in sie kam, um sich dann weiter ins Gebüsch zu hocken.

Die Zeit wollte nicht vergehen, doch das zählte jetzt nicht!

Allmählich dunkelte es – die Nacht brach herein.

Es raschelte. Was war das? Vorsichtig steckte der Junge den Kopf aus dem Gebüsch. Flinke, schwarze, kleine Schatten! Im Dämmerlicht huschten plötzlich zahlreiche Ratten im Garten umher.

Wie groß sie waren! Und wie unheimlich! Fast wie in einem Film! – Ob sie beißen?

Sie spukten kreuz und quer durch den Garten, um und durch sein Gebüsch. Eine Ratte schoss direkt auf Tomas zu und streifte seine rechte Hüfte. Er bewegte sich nicht einen Zentimeter von der Stelle.

Darauf verschwand die Rattenkolonne so überraschend wie gekommen ...

Die schwarze Nacht hüllte ihn jetzt ein und gab ihm mehr Sicherheit. Er wechselte seinen Standort, robbte aus dem Gebüsch, erhob sich, schlich quer durch den Garten und ging einen bewaldeten Hang hinauf, der an die Anlage grenzte und etwa bis zur halben Höhe ebenfalls vom Zaun umgeben war.

Tomas setzte sich hinter einen niedrigen Strauch. Er wollte noch bis Mitternacht warten, und dann versuchen, aus dem Garten zu fliehen.

Im langen Klinikgebäude erloschen nach und nach die Lichter. Die Tür vom Essensraum in den Garten, durch die Tomas vor Stunden entschlüpft war, öffnete sich ...

Aus seinem Versteck heraus erkannte Tomas den bärtigen Pfleger L., der seit einigen Tagen die Nachtwache hatte, und jetzt, mit einer brennenden Stabtaschenlampe bewaffnet, in den Garten trat.

Wollte er bloß Luft schnappen, sich die Beine vertreten? Nein, der Mann leuchtete mit seiner großen Taschenlampe suchend im Garten umher; er schaute zuerst in alle äußeren Ecken und Winkel des Klinikgebäudes. Das tat er sehr gründlich. Als dies erledigt war, wanderte der zitterige

Schein, gespenstisch anmutend, durch den dunkeln Garten, – verfolgt vom Schemen der diensthabenden Nachtwache! Der Lichtkegel umrundete jetzt das Gebüsch, in dem Tomas zuvor über Stunden ausgeharrt hatte, und hielt eine Weile inne.

Ob der Pfleger das Gebüsch mit der Lampe durchsuchte, konnte Tomas, von seinem neuen Schlupfwinkel aus, nicht erkennen: Sein jetziges Versteck lag gerade entgegengesetzt zum Gebüsch. Aber *wie* gut, *dass er jetzt dort nicht mehr hockte!* – Nun erhellte der Lichtschein den kleinen Gartenschuppen … fiel auf eine Parkbank … zeigte kurz auf das Tor. Durch die Gitterstäbe im Tor fielen Lichtstrahlen nach *draußen* in die Freiheit. Die Strahlen beleuchteten einen gepflasterten Hof, und Tomas Blicke folgten ihnen sehnsüchtig: *Dort* wollte er hin, *das* war sein Ziel!

Jetzt machte der Pfleger einen Bogen und kam den Weg auf Tomas zu …

Der Junge hielt den Atem an. – Immerhin, die Weite des Gartens bot ihm eine gewisse Sicherheit.

Wenn der Pfleger, mit seiner Lampe, in meine Nähe kommt, muss ich in der Dunkelheit ausweichen! In diesem Falle wollte er versuchen, in einen Bereich zu schleichen, der bereits abgesucht worden war: Dabei dürfte es nicht einmal leise knacken! Jetzt, im Sommer, lagen viele trockene Äste auf dem Waldboden. Wenn *der* dich hört, bist du geliefert! Jede Flucht wäre sinnlos! Spätestens am Zaun würde der Pfleger ihn wieder einholen, das wusste Tomas genau.

Der Pfleger kam jetzt, Schritt für Schritt, immer näher, den Weg am Waldrand entlang, der dicht an Tomas Versteck vorbei führte!

Er hob seine helle Waffe und leuchtete den Hang hinauf in den Wald hinein, ließ den Lichtkegel suchend zwischen Bäumen und Sträuchern hin- und herwandern. Doch er blieb weiterhin auf dem Weg und wollte augenscheinlich den Wald nicht betreten …

Tomas hatte mit dem Davonschleichen zu lange gezögert: *Der Pfleger war bereits zu nahe!* – Nun wagte sich der Ängstliche doch nicht mehr von der Stelle. Er duckte sich, das Gesicht dicht über dem Boden, hielt den Atem an und machte sich ganz klein! Hörte dann die knirschenden Schritte der Nachtwache unten auf dem Weg immer näher und näher kommen. – Der grelle Lichtkegel einer großen Stabtaschenlampe huschte heran.

Und? … glitt dann schnell über ihn hinweg!

… die Nachtwache hatte offensichtlich keine Lust, noch das gesamte Waldstück zu durchsuchen; sie verzog sich jetzt wieder ins Haus.

*

Ein dummer, alter Witz, den wohl mancher noch kennt, im Grunde sind es zwei und doch wieder nur einer, weil beide ihr Gegenüber für verrückt erklären. Tomas hatte die Witze zum ersten Mal mit sieben Jahren von anderen Jungen gehört, in einem Kindererholungsheim im Harz.

Der **erste Witz** lautete: »*Kenne ich dich nicht aus dem Klingelpütz Nr.4? – Das nämlich war früher die Gummizelle im alten Kölner Knast!*«

Und der **zweite** hieß: »*Ich bekomme noch 20 Mark von dir! – Ja, wieso denn? – Ich habe dir früher einmal in Bethel über den Zaun geholfen!*«

Damals hatte Tomas sich Bethel immer als einen abgeschlossenen Stadtteil vorgestellt. Mit großen Toren, die streng bewacht wurden, und hohen Mauern ringsherum.

Nach seiner Empfindung war es ein Uhr nachts, als er sein Versteck verließ und hinüber zum Zaun ging. Hier stand niemand, der ihm helfen könnte. Schade! *Er musste es schon alleine schaffen …*

Er stemmte einen Fuß gegen den Maschendraht, versuchte sich daran hochzuziehen. Er probierte es nochmal und noch einmal. – Er hatte keinen Erfolg! Nun drückte er die Fußspitzen ganz fest in die Zaunmaschen hinein, um so den Zaun quasi Sprosse um Sprosse hinaufzuklettern, wie bei einer Leiter. – Es war vergeblich! Dann stapfte er zum nächsten Zaunpfahl und wollte sich daran in die Höhe stemmen. – Auch das gelang ihm nicht!

Er fühlte sich körperlich zu schwach, schwächer vielleicht, als mit zehn oder elf. War er nicht schon *als Kind* über *ganz andere Zäune* geklettert? Die vielen, vielen Medikamente, das ständige Liegen, das häufige Übergeben in den letzten Tagen, der so verursachte Nahrungsmangel – alles das hatte ihn zu sehr entkräftet. *Das Stahltor im Garten der Dauerpatienten, zu Beginn seines Aufenthaltes in der Klinik, war es nicht sehr viel höher gewesen? Trotzdem wäre er beinahe hinüber gekommen, um Haaresbreite!* Nun stand er hilflos vor diesem geradezu lächerlich niedrigen Zaun, der ihm eben mal bis vor die Brust reichte, und konnte ihn einfach nicht überwinden! Der Junge glaubte zu wissen: Noch *vor drei Monaten* wäre er in einem einzigen Satz über diesen Zaun gestiegen! Ganz bestimmt! *Aber es half ihm ja nicht!* Er musste sich etwas anderes überlegen. Kein Grund, gleich die Nerven zu verlieren! Schließlich hatte er noch beinahe die ganze Nacht Zeit, aus dem Garten herauszukommen.

Er schaute sich um. Am Gartenschuppen hing eine lange Leiter. Er wunderte sich nicht wenig über diese *freundliche (Un-)Aufmerksamkeit* hier im Reich der Psychiatrie. Für die Dauerpatienten, im Garten drüben mit den hohen Mauern, wäre sie gewiss ein Geschenk!

Der Junge fasste ein Ende der Leiter und versuchte sie mit voller Kraft aus der Halterung zu heben; dann probierte er es mit dem anderen Ende. Beide Enden bewegten sich nicht einen Millimeter. War er mittlerweile so schwach geworden, oder war diese Leiter so schwer? – Hm, wahrscheinlich war sie irgendwie abgesichert, aber er konnte in der Dunkelheit nichts erkennen. *Also leider doch kein Geschenk!*

Er ging um den Schuppen herum. Die Bänke! Eine stand nur 15 Meter vom Zaun entfernt.

Er zog an ihr. – Und? – Sie bewegte sich! Nur zehn oder zwanzig Zentimeter bei jedem Ruck, aber immerhin – er konnte es schaffen!

Es war anstrengend. Er ließ sich Zeit, viel Zeit, bald eine halbe Stunde vielleicht, um die Bank Meter um Meter in Richtung Zaun zu ziehen. Zwischendurch machte er eine Pause, setzte sich auf die Bank und schöpfte Atem. Jetzt kam es auch nicht mehr auf ein paar Minuten an. Er würde es schaffen, da war er sich sicher: *Wenn nur die Nachtwache nicht wiederkommt!*

Auf der anderen Zaunseite befand sich, dicht neben dem Tor, zufällig ein kleiner Sandhaufen, gerade so, als warte der schon; extra nur auf ihn! Das war sein Ziel, dorthin wollte er die Bank ziehen.

Gleich springe ich in die Freiheit!, dachte er.

Wer wird ihm das glauben? In Bethel über den Zaun gesprungen? Ha, ha, ha! Er wird es später niemandem erzählen können. Dabei ist doch alles, alles wahr, die rund zwanzig Tabletten täglich, das Kotzen und der klare Kopf, die wandernde Taschenlampe im Garten und auch die Ratten.

Er schnaufte heftig, als die Bank endlich neben dem Zaun stand. Und dafür, dass sein Herz bis in den Hals klopfte, gab es jetzt mehr als nur einen Grund.

Er stieg auf die Bank. Nun ging alles ganz leicht! Von der Bank einfach auf den Zaun klettern, und dann in den Sandhügel springen! Ein kurzer stechender Schmerz! Im weichen Untergrund knickte der rechte Fuß um. Doch er war wahrhaftig DRAUSSEN! DRAUSSEN war er! DRAUSSEN!

Ihm kam das Gefühl, nicht mehr der gleiche zu sein. Nicht mehr der, der ungefähr zwei Monate zuvor, an fast derselben Stelle vor dem Klinikgebäude gestanden hatte, nur ein paar Schritte entfernt.

Der schüchterne Schüler, der es dem lauten Lehrer allzeit recht machen wollte, wo war er? Ein Stück erwachsener fühlte er sich. Reifer geworden! War er überhaupt noch er selber? Oder jemand anderes? – Ein ganz anderer, neuer, fremder Mensch?

Deine Jugend ist jetzt zu Ende!, dachte er. Er fühlte sich erwachsen; er musste sich in diesem Augenblick vielleicht erwachsen fühlen, um damit klarzukommen. Sehr viel später wird er denken, dass gerade diese Erlebnisse ihn manchmal behindert haben, richtig erwachsen zu werden …

Er umarmte eine krumme Birke, die, ein paar humpelnde Schritte weiter, am Wege stand. Einmal hatte er von einer Jüdin gelesen, die in Freiheit aus einem KZ, als allererstes wieder einen Baum berührte. Das wollte er auch tun, wenn er draußen ist, hatte er sich überlegt. Einen Baum anzufassen ist Freiheit, ist: nicht mehr ausgeliefert sein! Seine Finger **erspürten** die spröde Rinde. Das war ein Baum, eine Birke, ähnlich der, die er immer im ‚Einzelzimmer‘ durchs Fenster gesehen hatte, alleine mit dem Unterschied, dass diese Birke, außerhalb des Zaunes, in der ‚Freiheit‘ stand.

In dieser Nacht erschien ihm vieles wie ein verworrener Traum, aber diese ‚freie Birke‘ fühlte sich ganz normal, ganz *wirklich* an! Die weißen Rindenteile glatt und nur ein kleines bisschen wellig, die dunkle Rinde rau und kratzig. Wie sich eine Birke eben so anfühlt! *Es war nichts Besonderes –, und war zugleich etwas Besonderes, sie zu streicheln.*

Er löste sich vom Baum und blickte sich um: Dort drüben war das Blumenbeet, da hatte bei seiner Einweisung die Mutter mit den Pflegern gesprochen. All diese Erwachsenen hatten ihm versichert, es würde **nicht schlimm** werden. *Sie hatten ihn* **angelogen.** Allesamt! Sie hätten es *wissen* müssen!

Und genau dort, nur ein paar Schritte entfernt, hatte er neben jenem grässlichen Jacken-Mann, mit seiner falschen, polizeiähnlichen Uniformjacke, vor dem Zaun gestanden. *„Ich will nicht in die Klapsmühle!"* hatte er zu der falschen Uniform gesagt, und es laut und voller Angst hinausgerufen, und die Uniform war nur *deshalb* gleich wütend geworden. Aber da hatte er sich ja selbst kaum vorstellen können, **wie es in Wirklichkeit** *kommen würde!*

Dafür verstand Tomas im Nachhinein umso besser, weshalb der grünbejackte Mann – als sie alleine im Auto saßen und keine Zeugen mehr anwesend waren – sogleich die Faust gehoben und ihm Prügel angedroht hatte, falls er nicht parieren würde.

Denn es lässt sich leicht denken, dass ein gewaltsames Auftreten bei vielen vermeintlich ‚schwierigen' Patienten notwendig sei, die zum wiederholten Male eingewiesen worden waren, also bereits im Vorfeld wussten, was auf sie zukommt: Dass sie, bei einer dementsprechenden, ausschließlich medikamenten-trächtigen Behandlung, leider wohl kaum eine wirkliche Hilfe zu erwarten hätten ... Folglich gehörte es wohl tatsächlich mit zu den Aufgaben des Mannes, sehr oft Gewalt anzuwenden.

Ein paar vorsichtige Schritte, der Junge blieb stehen, er rieb und untersuchte den verstauchten Fuß. Zum Glück nicht allzu schlimm! Das Humpeln wurde schnell besser. Er biss die Zähne aufeinander und trabte im langsamen Laufschritt los; vorerst auf demselben Wege, auf dem er im Frühjahr vor vielen Wochen in die Klinik gekommen war ...

*

Der immer noch nicht vollkommen erwachsene Tomas sitzt vor einer alten Schreibmaschine und hämmert wild allerlei Unsinn in die Tastatur:

```
Ich will nicht in die Klapsmühle!, hatte er zu
der falschen Uniform gesagt. Und die Uniform war
gleich wütend geworden. Warum hatte er überhaupt
```

zu dieser Uniform geredet? Manche Uniformen, sogar echte, verstehen manchmal schwer. Und dass sie schlecht verstehen, verstehen sie erst recht nicht. Gerade auch 14-jährige, unmündige Jungen werden unter Umständen von manchen Uniformen besonders schlecht verstanden.
Weiße Kittel sind auch Uniformen.
Manchmal ziehen sie ihre weiße Uniform aus. Auch dann verstehen sie oft immer noch nicht. Sie möchten wohl, in erster Linie, ja nur soo verständnisvoll erscheinen! Ohne ihre Kittel!
– Sowas könnte man Mimikry nennen.
Aber was hätte er damals TUN können? Einfach schon vorher von Zuhause davon laufen? Wer weiß WOHIN? Das hätte nichts schlimmer gemacht, bestenfalls besser, und wäre trotzdem keine Lösung gewesen. Er hätte aufmerksamer sein können, hätte seine Mutter beknien können … oder das Jugendamt?
Aber dieses gehört für einen Jungen ja auch mit zur schwer erreichbaren Welt der Erwachsenen, der Uniformen, der Schreibtischtäter, der weißen UNBEFLECKTEN Kittel, der Ranghöheren, des von der Ach, so heilen Welt ungeprüft Anerkannten.
Auf welcher Seite wird das Amt also stehen?
Es ist alles in Ordnung, sagt die heile Welt, schließlich leben wir HEUTE in einer heilen Welt, aber früher … ja, das waren DAMALS doch noch ganz andere Zeiten.
Das dachte und sagte sie schon GESTERN und auch VORGESTERN, die heile heile Welt, sie behauptet es HEUTE wieder von sich, und wird's MORGEN auch wieder bestätigen; bis in alle Zeiten!
– Und sowas nennt sich dann: VERDRÄNGUNG.

Soll er das jetzt etwa so hinschreiben? Nein! Wohl kaum. (Soll er überhaupt noch weiterschreiben und nicht besser all das schnell vergessen und endlich, endlich mal erwachsen werden?)

*

Tomas war an einen Waldweg gekommen und fiel vom Trab in den Schritt. Dunkel war es hier – zum Glück nicht ganz stockdunkel, denn die Laternen einer nahen Straße leuchten herein, so dass er den schmalen Weg eben noch erkennen konnte. Wohin dieser Weg führen wird? Er kannte sich in keiner Weise in Bethel aus. Nicht einmal über die ungefähre Richtung war er sich im Klaren. An jeder Weggablung lief er möglichst geradeaus.

Auch in Bethel führen die meisten Wege nicht gleich bis nach Rom: eher schon, auf mal mehr, mal weniger verschlungenen Pfaden, erstmal nur bis zum Betheleck mit der bekannten Pforte. – Das stellte nun auch Tomas fest: *Prima!* An der Pforte war er schon als Kind vorbei gefahren. Jetzt kannte er sich wieder aus …

Kleine Bluthunde

Sein Weg hatte erst durch die nächtliche Stadt, und dann wieder in einen anderen Wald geführt, nahe der Wohnung der Mutter. Hier kannte er sich bestens aus. Unterwegs hatte er sich auf einem Friedhof verlaufen, den er auch kannte – wenigstes in groben Zügen vermeintlich kannte – und durchqueren wollte, weil es eine Abkürzung war und er dort nicht gesehen werden konnte. – Doch in der Finsternis irrte er zwischen den Grabsteinen lange umher, fast eine halbe Stunde, und als er endlich doch bis zur anderen Seite gefunden hatte, war das Tor dort verschlossen gewesen. So musste er sich noch ein zweites Mal durchs Dunkel kämpfen …

Der neue Tag wurde bereits hell. In diesem Wald kannte er eine kleine Schonung, wo die Bäume sehr eng und blickdicht standen, – sie sollte fürs Erste sein Schlafzimmer sein. Müde streckte er sich auf dem Boden aus; vom Weg weit genug entfernt, um sich vor Spaziergängern sicher zu fühlen. Er schloss die Augen. Morgendliches Vogelgezwitscher war bereits zu hören, ... und dann ...

... ein leises Summen ... Summen ... Summen ...

Myriaden von Mücken schwebten aus den Gräsern und Pfützen hervor. Sie kannten keine Gnade! In kürzester Zeit war sein Rücken zerstochen.

Erst jetzt fiel ihm wieder ein, dass der Teppich seines neu erkorenen Schlafzimmers – *ausgerechnet!* – aus einem zwar fruchtbaren, aber schwer wasserdurchlässigen Lehmboden bestand. Hier blieben nach Regengüssen oft noch feuchte Stellen, wenn es sonst überall seit Tagen trocken war ...

Ob die Mücken auch Nebenwirkungen oder ,Extras' kriegen können?, überlegte er sich. Fänden sich noch immer die 20 täglichen Pillen in seinem Blut, die Antidepressiva und die Neuroleptika, wie vor wenigen Tagen, diese unverschämten Plagegeister hätten wohl, samt und sonderst, ihre kleinen Seelen abgeben müssen! Wenigstens hätten sich alle miteinander an Ort und Stelle schlafen gelegt. So aber stachen sie dreist durch sein dünnes Hemd und ließen es sich fröhlich schmecken. Es waren sehr viele – und es wurden immer mehr. Er schlug mit einem abgebrochenen Zweig um sich. Wälzte sich auf dem Erdboden hin und her. Es half nichts! Die greyhoundsgraue Mückenmeute machte munter weiter.

Nein, es war zwecklos! Diese kleinen Bluthunde waren nicht nur in der Überzahl, sondern ihm auch an Hartnäckigkeit weit überlegen. Er war wie ein gejagtes Wild, konnte wieder einmal nur flüchten! – Und dabei hätte er, liebend gerne, jetzt einfach nur eine Runde geschlafen ...

Trägt nicht viel zur Sache bei, und kann von den Lesern auch übersprungen werden …

Nahe jener Waldlichtung, wo Tomas einmal – am Anfang unserer Geschichte – das alte Funkgerät ausgeschlachtet hatte, erhebt sich eine Erhebung, Pardon, eine Anhöh… Na, halt so ein Mittelding zwischen großem Hügel und kleinem Berg.

Oben: Zwei Bänke, mitten im Wald, von denen man, zur linken Hand, durch eine Schneise hindurch, in ein Tal blicken kann. Vor den Bänken ein schmaler Weg und eine kleine, früher einmal zumeist struppige Wiese, die äußerst selten gemäht wurde.

In den sechziger und siebziger Jahren entdeckte man auf der struppigen Wiese noch zahllose Maulwurfshügel, die Tomas als Kind zum Spaß doch ein- oder zweimal gezählt hatte; – natürlich ohne Gewähr, weil sich die kleinen Erdhaufen verflixt gut im kniehohen Gestrüpp versteckten. Den hinteren Rand der Wiese begrenzte ein schwer durchdringbarer Saum von wildwuchernden Disteln, die diversen Schmetterlingsarten als Nahrungsquelle dienten …

Wirklich schade, dass jene Wiese heute nicht mehr dermaßen schön verwildert ist! Keine großartige Alternative mehr gegenüber der weitaus größeren ‚Ochsenheide‘ neben dem Bielefelder Johannisberg, wo man, ebenfalls mit Ausblick in ein Tal, richtig schön in der Sonne sitzen kann, um dort zu lesen oder zu schreiben. Trotzdem macht Tomas auch noch heute gerne mal eine Stippvisite bei der ehemals struppigen Wiese aus seinen Kinder- und Jugendtagen.

Die Sonne gähnte noch recht verträumt über dem morgenroten Horizont und blinzelte gleichmütig durch die Bäume.

Ich glaube ja, dass die Sonne stets gleichmütig blinzelt, während Ihre Planeten sie umstreifen, denn sie hat ja schon so vieles gesehen und es gibt wahrhaftig nichts, was sie noch aufregen könnte! So schaut sie meist gar nicht mehr richtig hin!

Und wenn, *ja wenn!*, die Sonne nicht nur blinzeln, sondern *dieses Mal* richtig hinsähe: Dann sähe sie gerade jetzt, auf jenem großen Hügel oder kleinen Berg, einen ziemlich zerzausten Jungen. Der saß nachdenklich auf einer grauen Parkbank an jener struppigen, kleinen Wiese. Müde, bedrückt und hungrig. Und mit juckenden Mückenstichen, auf die er nicht mehr achtete.

Seit einer Viertelstunde saß Tomas ganz still. Die Ellenbogen auf den Knien, den Kopf zwischen den Händen gestützt. Seine Augen richteten sich, ohne wirkliche Wahrnehmung, auf den Boden. Doch dann hob er ab und zu den Blick und blinzelte verkniffen in die Morgensonne.

Und während die edle Sonne, einerseits wie eine Königin in einem vornehmen purpurnen Negligee Ihrem Himmelbett soeben entstiegen, andererseits noch halbwegs verschlafen, mit noch roten, verquollenen und verklebten Augen, sich Ihrerseits blinzelnd überlegte, welche Bewandtnis es wohl mit diesem seltsamen Junker hernieden haben könne ..., grübelte der Junge traurig darüber nach, was zu tun sei ...

... nein, er wollte nicht mehr zur Mutter zurück! Sie hatte ihn verraten! Schon früher hatte Tomas bisweilen ziemlich diffuse Vorstellungen gehabt, wie es wäre, einfach abzuhauen, und im Wald oder auf der Straße zu leben ...

Ein struppig-graues Kaninchen hopste unversehens über die kleine, struppige Wiese. – Es kam, bis auf wenige Meter, in Tomas' Nähe. Jetzt blieb es hocken und sicherte in alle Richtungen, nur nicht in seine ...

... nein, bei der Mutter, das wäre nur wie ein neues Gefängnis; eine Sackgasse ...

... es würde schwierig werden, war schon vorher meist schwierig gewesen ... wenn er etwas gewollt, etwas gebraucht hatte, hatte sie fast jedes Mal „Nein!" gesagt ...

Das graue Kaninchen hoppelte; langsam, langsam, langsam; immer näher heran, drei Meter … zwei Meter … nun kam es sogar bis an den Wegrand. Da blieb es sitzen und äugte neugierig.

… wie aber wäre es, auf der Straße oder im Wald zu wohnen? … wodurch kann man an Essen kommen? … durch Betteln … oder durch Stehlen? So eine Flucht ins Ungewisse würde reichlich Kraft kosten …

Jetzt saßen sich beide ganz still gegenüber. Reglos gegenüber. Tomas und das Kaninchen. – Tomas schaute das Kaninchen an. Das Kaninchen schaute Tomas an. Es hatte große dunkle verwunderte Kaninchenaugen und saß eine Weile ganz still. Aber seine Muskeln wirkten angespannt und sein feuchtes Näschen zeigte nervös Leben. Zwischenzeitlich spielte es mit den Löffeln.

Aber die Sonne blinzelte nach wie vor gleichmütig … Kann man Ihr deswegen böse sein? Sie hat ja schon soviel Schlimmes gesehen, sehr viel schlimmeres als einen verzweifelten und traurigen Jungen auf einer Bank … und Sie sieht das viele Schlimme ja auch gerade; an vielen, vielen Orten; in jedem Augenblick! – Wie Sie das alles wohl verkraftet?

Ja, irgend so ein **grober Mensch** hat doch einmal, ganz unromantisch, über unsere edle Sonne verlauten lassen,

… dass die Alte überhaupt die Karnickelbohne nicht verknusen kann, und bei jedem kleinen Furz eh ratz-fatz Ihre roten Flecken bekäme. Da müsse Sie halt immer gleichmütig blinzeln; bis in alle Ewigkeiten; weil Sie gar nicht so genau hingucken möchte. Die Arme!

Ein anderer **Laberfritze** hat einmal gesagt:

Die Sonne blicke hochnäsig von oben auf diese verrückten Ameisen und menschlichen Mikroben herab. Sie rede nur mit Gleichgesinnten oder Verwandten, die mit Ihr das All bereisen: mit anderen Sternen oder auserwählten Astronauten. – Und Sie blinzele stets so arrogant durch alle Bäume und Räume, alle Planeten und Platanen, wie nicht mal ein Harald Schmidtchen-Schleicher blinzeln könne …

Vor allem aber rede Sie nie und niemals mit Psychiatrie-Patienten; grad so wie ein alter, verstaubter Psychiater!

Und ein **dritter Erdenbürger** glaubte gar, behaupten zu können:

Die Sonne sei ein richtiger Angsthase, wie unser Kaninchen auch. – Sie habe keinen Mut und keine Traute nicht, einmal richtig hinzusehen, und am liebsten möchte Sie sich ja ganz und gar hinter allen Bäumen der Welt verstecken! Sie ginge auch nie wirklich auf, sondern in Wahrheit nur stetig unter, weil Sie immerzu vor Ihrer verdrängten Realität auf der Flucht sei.

Ja! – und deswegen blinzele Sie zuweilen ängstlich mümmelnd durch die Bäume hindurch. Eben ganz so wie ein Kaninchen.

Und **er** setzte sogleich einen drauf, und sagte:

Daher sei unsere Sonne auch dringend therapiebedürftig! Und hoffentlich bekäme Sie eine sinnvolle und aussichtsreiche Therapie; nämlich eine, die in erster Linie auf eigene Stärke und Kraft vertraue! Denn sonst drehe Sie eines Tages gar noch völlig durch und am Rad, und sich womöglich noch höchstselbst Ihr Licht ab! Und Gott sprach: „Es werde Nacht!" Und also ward es Nacht!

Jedoch zuvorderst seien jene menschlichen Erdenbürger therapiebedürftig, welche unsere wesentlichen Probleme auf die lange Bank der Zukunft schöben! Und die Mehrzahl der Probleme sei hausgemacht; in der Psychiatrie, wie in der Politik! Aber dafür berappen, das müssten, immer vorneweg, die *anderen*! Und vor allem *natürlich* die kleinen Leute!

Ein **vierter** dagegen meinte,

… die Sonne schaue dieser sich im Kreis drehenden Welt wie einem Fernsehkrimi zu. Sie sei neugierig, neugierig, neugierig, wie die Feuerwehr … und werde schnell ärgerlich, wenn es nicht genügend Blut zu sehen gibt, – oder – wenn Ihre Sicht behindert wird. Sie leuchte und spähe in jedes unscheinbare Schlüsselloch hinein, und könne, selbst auf Ihre alten Tage hin, nicht genügend neue und spannende Geschichten erfahren. Aber auch gerade die kleinen und unscheinbaren Geschichten liebe Sie besonders (zumal diese oft im Verborgenen bleiben), und Sie möchte nun augenblicklich auf Ihrer Himmelsstelle wissen, wie es mit jenem blassen Jungen da unten, auf der alten, grauen Parkbank, jetzt weitergeht?!

Und? – Wird's bald? Wird er sich gleich ‚richtig' entscheiden oder falsch? Ja, gibt es für ihn jetzt überhaupt eine ‚richtige' Entscheidung?

… nein, er hatte nichts mehr zuzusetzen. Er fühlte sich schwach, so schwach wie nie zuvor im Leben. Wie nach einer langen Krankheit.

… die Tage und die Nächte in der erbärmlichen Zelle, die vielen unsäglichen Pillen, das endlose Liegen in der Psychiatrie und das sonst so hilfreiche Übergeben hatten Kraft gekostet, ihn mehr mitgenommen, als alles je zuvor. Seine Kräfte waren aufgebraucht. Wie ausgelaugt!

… dabei war er in seiner Schulklasse immer einer der stärksten Jungen gewesen: mit dem *kräftigsten Händedruck* in der ganzen Schule! *Darin* galt er als praktisch unschlagbar! – Sein jetziger Händedruck würde bestimmt nicht mal mehr ein kleines Mädchen beeindrucken!?

… am vernünftigsten wäre es wohl, dachte er, bei der Mutter erstmal Kräfte zu sammeln, sich satt zu essen, und dann später wieder davon zu laufen. Aber könnte man sich hierzu noch überwinden, wenn man erstmal bequem, satt und warm bei der Mutter wohnte?

… er musste jetzt darüber eine Entscheidung treffen. *Davon* würde vielleicht sein künftiges Leben abhängen …

Und wieder ein **fünfter** erklärte,

… die Sonne wäre, über die ewig vielen Jahre, leider blind wie ein Maulwurf geworden. Jetzt wäre Ihr so sterbenslangweilig, nichts von der Welt zu sehen. Sie habe auch keine wahren Freunde mehr, keine alten und keine neuen!

Und da Sie sich fortwährend gräme und Ihr Leben und Ihre Blindheit niemals wirklich angenommen hätte, könne Sie keine neuen Freunde mehr gewinnen, die es ja durchaus geben könnte! Andererseits wolle und könne Sie Ihr neues Leben nicht mehr annehmen, weil Ihre alten Freunde, nach Ihrer Erkrankung, verschwunden wären! – So beiße sich die Katze wieder mal in den Schwanz. Sie habe auch vergessen, dass bekannterweise alle Töne und Laute im Weltall unhörbar sind, also könne Sie sich immer nur selber zuhören, und frage sich stets enttäuscht, warum sich niemand mehr bei Ihr meldet. Sie blinzele daher gelangweilt und traurig, – aber sähe die Bäume nicht mehr …

Aber als Blinde erhelle und zeige Sie allen den Weg, wie die zwar blinde, aber stets fröhliche Dame an der Information im Bielefelder Rathaus.

Und noch ein **anderer** hat widersprochen und gesagt,

… die Sonne wäre blind, so – wie ein Maulwurf nicht blind sei. Nicht von den Augen her, sondern vom Kopf her blind! Und mehr noch vom Herzen her! Eine Mutter, die von Ihren Kindern schon bald nichts mehr wissen möchte. Die Sie erst über viele Jahre ernährt, und später dann wieder im Stich lässt oder verbrennt. Und alle Hilferufe nützen nichts! Und damit habe Sie eine gewisse Ähnlichkeit mit manchen menschlichen Müttern.

Und **derselbe** hat auch noch gesagt,

… es gäbe auch einige Mütter, die seien ausschließlich vom Verstand her blind, obwohl es in Ihrem Herzen gleichzeitig wie ein großes Feuer brenne. Solche Mütter wären recht schwierige Exemplare für Ihre Kinder, denn Sie wollten immer nur das Beste und täten oft das Allerschlechteste! … Vielleicht sei – das würde sich in späteren Jahrtausenden bestimmt noch genauer zeigen – auch unsere Sonne so eine Mutter? Sie blinzle daher mit innig heißer Mutterliebe, aber ohne jedes Verständnis zwischen den liebestrockenen Bäumen hindurch, und überlege hin und her, welchen Großbrand Sie legen soll, um Ihren armen Kindern heilende Wärme zu geben? Oder: … welche barmherzige Supernova Sie jetzt zu Rat und Hilfe ziehen kann?

Das Kaninchen hatte den Baum Tomas mittlerweile akzeptiert. Es mümmelte jetzt etwas Gras und schaute ihn nicht mehr an. Seine Kaninchenwelt war wieder in Ordnung. Es war frei, da, wo sein Bau war. Zum Freisein gehört es, dass man einen Ort hat, wo man gerne hin will, und dass man da auch hin kann. Das Kaninchen hatte so einen Ort. Und das war sicher gut so! Ja, es wusste genau, wo es am Abend seine langen Ohren hinlegen konnte …

… er nicht! (Und das nicht nur, weil Menschen-Ohren kürzer sind!) Selbst Zuhause könnte er sich nicht mehr wie zu Hause fühlen. Er konnte kein Vertrauen mehr zur Mutter haben, seit sie ihn hatte abholen lassen, ohne das Geringste zu sagen.

… es gab keinen Ort für ihn, wo er wirklich sein möchte! – Nicht mehr!

… jetzo war er aus dem schrecklichen Psychiatrie-Gefängnis zwar glücklich geflohen. Aber wirklich *frei fühlen* konnte er sich nicht!

… war er denn bloß von einem Gefängnis in ein *anderes* gelaufen?

… war seine neue Freiheit denn nur *Einbildung* gewesen?

… durchbrennen oder nach Hause zurückgehen? *Beide Möglichkeiten schienen ihm verkehrt …*

Ein ziemlicher ver-rückter **Schwarzseher**, vermutlich ein **Außerirdischer** hat einst ausgesagt,

… die Sonne hätte Augen wie ein Luchs, und Ihre hellen, wachen Blicke würden ALLES durchleuchten und erkennen! Sie bestreite aber vehement, dass es eine NACHT überhaupt geben könne, denn schließlich habe Sie diese „Nacht" noch *niemals* gesehen!

Folglich sei die „Nacht" nur eine pure Erfindung für Sie. Ja, viel schlimmer! *Eine schwere Kränkung Ihrer Person.* Welch eine *aufgeblähte* Wichtigtuerei sei sie, die „Nacht"! Alleine zur ehrlosen Untergrabung Ihrer *hocherhabenen* Sunshine-Position dumm und verschwörerisch ausgedacht!

Und *jeden*, der da falsch vermuten wolle: Die „Nacht" könne *doch* möglich sein, *unter Umständen vielleicht*, oder der sogar frech vorlüge: es gebe tatsächlich so eine *ominöse* „Nacht" – welche ja *kein* Mensch und *kein* Stern in Wahrheit je gesehen habe –, den lasse *Sie*, die *unantastbare* Sonne, bei allen klassischen fünf Sterne-Gerichten umgehend für *ver-rückt* erklären. Und – Zum Nutzen aller! – als *politisch höchst gefährlich* oder *schädlich* sonnenbrandmarken!

Leider sei es auch besonderes in einem Ländchen namens Deutschland; einem Mini-Staate, welcher auf der schnell dahinfliegenden und rotierenden Erdkugel nur schwerlich zu finden sei; eine traurige Tradition, dass manche Menschen eine **dunkle** Realität lieber flugs verleugnen, abstreiten und vertuschen möchten, als sie zuzugeben. – Sei es denn nun eine **schwarze**, oder auch nur eine *graue* Realität!

Und es habe dortzulande schon Leute gegeben, die sogar das *Nachdenken* als Volksverhetzung zeitweilig verboten und selbst das *Reden* miteinander unter Strafe gestellt hätten. Und nicht nur die laute, öffentliche Widerrede sei ihnen ein Dorn im Auge, sondern auch die *leise aber kritisch* auf Papier geschriebene sei verpönt! Denn die meisten kleinen und großen Täter möchten, wie die Sonne, ihre eigenen Schatten nicht erkennen und verborgen halten.

Ja, *haufenweise* hätten sie schon Bücher verbrannt, diese Deutschen! Am eifrigsten solche, die die Wahrheit sagen.

Und dann, nach ihrem Krieg, hätten sie *Heranwachsende*, die nicht viel älter waren wie Tomas, als er in die Zelle kam, gleich zu jahrelangem *Zuchthaus* verurteilt, nur wegen *ein paar* kleinen Flugblättern, die, mit *ein paar* kecken Zeilen drauf, vom Westen in ihren Osten „geflogen" kamen, und dort von einigen Heranwachsenden ausgehangen worden waren. Und bei der Bekanntgabe dieses Schand-Urteils, *behauptet* er, hätten die Zuhörer noch billigend *applaudiert*!

Manche braven Bürger, *so meint* er, applaudieren lieber für die falsche Macht und Autorität! Sie können Realität und Anschein nicht trennen. Man müsse ihnen *ALLES* erst Wort für Wort erklären. Selbst die allerdümmsten, leicht durchschaubaren Lügen. Aber diese Erklärungen möchten oder ~~ver~~mögen sie dann oft auch nicht hören. Sie *wollen* nicht erkennen müssen! „Was wir nicht wissen wollten, haben wir nicht gewusst!" Und *individuelles Nachdenken* hätten sie kaum gelernt. (Wie auch, wenn es früher immerzu verboten wurde?!)

Und *er* sagt: Es gibt nicht nur die *schwarzen*, sondern auch die *grauen* Lügen. (Die weniger leicht zu entlarven seien.)

Irgendein **letztes Individuum**, wohl ein ehemaliges **Psychiatrieopfer**, hat einmal behauptet,

… die Sonne sei wie ein alter Psychiater. Sie blinzle und sehe zwar, aber Sie erkenne nicht. Sie mache sich Ihr eignes williges Bild von der schönen neuen Welt, welches aber mit der Welt kaum was zu tun habe. Und Sie stelle immer *sofort* Ihre Diagnose. Sie blinzele also analytisch verkorkst auf unsere Baumreihe, – aber blicke nicht wirklich durch sie hindurch.

Denn so leicht und flink, wie man eine Buchseite mit verrückten Phantasien über das Blinzeln der Sonne füllen könne, so leichtfertig und schnell interpretiere der alte Psychiater oft die menschliche Seele. Manchmal denke er sich Krankheiten fabrikneu aus; oder erfinde altväterliche Krankheitsbegriffe immer wieder neu; fachmännische Hirngespinste, die er behandle, ohne erst lange nachzufragen. Und falls er doch einmal Fragen stelle, seien es ohnedies meist die falschen. Zudem schicke er gerne *andere* zum Fragen vor!

Und man könne genauso viel Unfug in eine unbekannte Patientenseele hineininterpretieren, wie in ein Sonnenblinzeln. Ein ganzes Buch, wenn es sein müsste, und zusätzlich eine kostspielige Bibliothek.

Aber »die häufigste Krankheit wäre nicht die Diagnose«, wie Karl Kraus zu sagen wagte, »diese täte nur psychologisch weh, sondern die eigentliche krankmachende Krankheit sei erst die ‚Behandlung‘«, vor allem jene mit ‚Medikamenten‘ ohne Einwilligung des Patienten!

Mancher glaube wohl, dass solch eine schöne Therapie zumindest den wirklich Kranken helfe. Aber dass sei ganz bestimmt nicht richtig, denn je kränker man schon sei, desto schrecklicher und unverständlicher empfinde man eine derartige „Miss-Behandlung“. Und so manche wohlklingende Diagnose diene oft nur der Entmündigung oder Stigmatisierung … aber nicht den Patienten. Und bisweilen verdiene der alte Psychiater reichlich Geld daran, aus eigenverantwortlichen Menschen Patienten und aus Patienten Dauerpatienten zu machen …

(Mutmaßlich versuche er daher, diese möglichst *in Scharen* heranzuzüchten, denn sonst würde er ja, von Anfang an, mit seinen Patienten *sehr viel anders* umgehen!?)

Und etliche der Patienten und Dauerpatienten wären viel weniger *behinderte* als vielmehr *verhinderte* Menschen!

Ich **persönlich** denke ja eher:

Die Sonne ist eine ungeduldige Leserin! Sie möchte *alle* Bücher kennen in unserer Welt, am liebsten bevor sie geschrieben sind. – Sie blinzelt auch gerne mal so einem Schreiberling über die Schulter, der vielleicht, gerade eben, auf einer Bank in der Sonne sitzt, vielleicht auf einem großen Hügel oder kleinen Berg. Und wenn es Ihr mal gerade passt, mischt Sie sich auch gerne tüchtig ein! Und tatsächlich hört der Schreiber auf einmal Stimmen. Ja! O Schreck! – Die **Sonne** plaudert mit ihm.

„Na, na, na!" ruft **Sie** streng. „Was schreibst du da? Du verwechselst *mich* hoffentlich nicht mit blinden Maulwürfen, herzlosen Müttern, oder einem alten Psychiater?"

Jetzt funkelt Sie nervös mit Ihren Strahlen, und redet, wie meistens, mit einer aufgeregten, weiblichen Plapperstimme: „Nein, nein, nein! – Dieser Tomas, da im Buch, der grübelt und grübelt. *Ich* blinzele und blinzele. Unser lüttes Kaninchen, das mümmelt die ganze Zeit bloß herum, aber unsere Geschichte geht nicht weiter! *Was soll das*?! *Wann* geht diese aufreibende Geschichte mal endlich weiter?

Du hast ja plötzlich einen Knoten in die Geschichte gemacht?! – Warum hast du mir jetzt einen Knoten in *unsere* Geschichte gemacht? Du fädelst ja drei Handlungsfäden zugleich durch ein Nadelöhr! Was ist das für ein Durcheinander? Mir ist das alles *viel* zu kompliziert! Also, wenn du schon nicht, mir zuliebe, einen Krimi schreiben möchtest, dann mach mir doch wenigstens keinen schnöden Knoten in *meine* Geschichte!

Mit Geschick verflochtene Handlungsabläufe find' ich ja auch immer so schön prickelnd! – Ja doch, ja doch! Die gefallen mir sehr! – Die dürfen sogar, meinetwegen, *hin und wieder mal!*, ein wenig verworren sein! Aber mach mir bitte kein Chaos, mein Bester, und keinen Knoten. Du sollst das *sofort* wieder aufdröseln!"

Die alte Lady ist heute wirklich sehr ungeduldig: „Los, los! Mach' schon, mach' schon! Aber schnell! Ich möchte *jetzt* wissen, wie es weitergeht und wie der Junge sich gleich entscheidet, ob er zur Mutter geht, und die ihn etwa wieder gleich zur Klinik schickt, oder ob er in den Wald läuft, und dann auf und davon!"

Also bitte, also gut! Sie hat ja Recht! Abgesehen natürlich davon, dass es *meine* Geschichte ist, aber nicht *Ihre*. *Unsere* – na, meinetwegen! Wo Sie ja immer so schön leuchtet! Doch andererseits: Nur nicht verzetteln! Und keinesfalls; grad' wie ein alter Psychiater; die einfachsten Dinge noch unnötig komplizieren! ... Jetzt zuerst in aller Ruhe sich sammeln und konzentrieren! – *Tief durchatmen!* – Dann alles neu ordnen, gut überlegen, und am besten, gleich noch einmal, fix von vorne erzählen ... Um den dummen Knoten zu entwirren!

Hm! Die Sonne, Sie blinzelt ... also ... irgendwie! Ich meine natürlich: *liebenswert!* Aber keinesfalls – *Hörst Du?* – mütterlich blind oder analytisch verkorkst! Sie blinzelt auf den Jungen, der sitzt hier auf der Banke, müde, hungrig, von den Mücken zerstochen; dann hatten wir noch – Hm! – so ein mümmelndes Kaninchen, auf dem der Junge nicht sitzt, sondern auf das unsere *liebe* Sonne, neugier... Pardon, *achtsam*, durch die Bäume hindurch, hinabblinzelt.

Aber? – Moment mal!

Die Sonne blinzelt nicht mehr! Sie hat die Baumreihe inzwischen passiert. Steht jetzt frei leuchtend über dem Tal und blickt offen auf die Wiese.

Unser Kaninchen springt – mit einem Mal! – zur Seite davon, und auch Tomas steht auf.

Na also! – Na bitte! – Es geht doch! – Der Knoten ist gelöst!

Doch die alte Sonnenmutter raunte dem Jungen noch heimlich etwas zu. – Aber der Junge konnte Sie nicht verstehen. **Denn schließlich hörte er ja keine Stimmen!** LÄSTERSTIMME (aus dem ersten Teil; laut donnernd): „Doch keine Stimmen? Das finden *wir* aber schade!"

Anmerkung: *Die aufmerksame Mehrzahl der Leser hat es sicher gemerkt. Dieser letzte Abschnitt enthält, im Unterschied zu anderen, neben Tomas realen Erlebnissen (traurig nachdenklicher Junge auf Parkbank beobachtet Kaninchen) auch einen hohen Prozentsatz von fiktionalen (bzw. ausgedachten) Elementen ... (z.B. die sprechende Sonne)*

Folglich haben Leser, die diesen kurzen Abschnitt tatsächlich übersprungen haben, nicht allzu viel verpasst.

Ein Krimi

Das Fenster zum Laubengang stand sperrangelweit offen. Das war nicht üblich: Die Mutter kannte und lockte ihn. Er kletterte in die Wohnung, durch das Fenster, und wusste: Seine Mutter, die ihn kannte und doch wieder nicht kannte, hatte es ihm aufgemacht.

Die Mutter musste in der Wohnung sein! Er wollte nicht, dass sie ihn kommen sieht.

Er schlich ins andere Zimmer. Hier hatte alles begonnen! Das Zimmer erinnerte ihn wieder an das fremde dunkelhaarige Männchen mit den seltsamen Fragen.

Er sah sofort: Auch das Fenster zum Balkon war weit geöffnet!

Er kletterte auf den Balkon, auch die Balkontür war nicht geschlossen. Und nirgendwo war die Mutter zu sehen. Sie musste für ihn all diese Fenster und Türen geöffnet haben, aber wo war sie? – Hatte sie sich etwa in der Küche versteckt?

Nach Hause kommen! Er wollte wieder zu Hause sein, grad so, als wäre er *niemals* fort gewesen ... auch wenn es ihm wie *eine Ewigkeit* erschien ...

Im Wohnzimmer setze sich Tomas als erstes in den großen Sessel und schaltete den Schwarzweiß-Fernseher ein. Gerade lief ein Krimi mit dem Schauspieler Klaus Schwarzkopf als Kommissar – eine Wiederholung von Vortag.

Eine Viertelstunde später schaute die Mutter herein.

Sie lächelte oder grinste – er konnte es nicht genau unterscheiden – und wirkte in keiner Weise überrascht.

„Ich freue mich sehr, dass du wieder da bist!" sagte sie.

Tomas sagte erst mal nichts.

Eine Aktennotiz:

Der Patient Tomas Graben ist heute von einem Ausflug nicht wieder zurückgekehrt.
(Dies wurde auch der Mutter mitgeteilt.)

Vorläufiges Ende

Weitere Stimmen zum Buch:

„Ihre Geschichte, die Geschichte eines 14-jährigen Jungen, der Opfer der Laiendiagnose seiner Mutter und der Gewalt der Ärzte wird, ist auch für den Lesenden in ihrer Eindringlichkeit schmerzhaft und nur in der Fortführung und Überführung in ein Leben, das für den Außenstehenden als ein gelungenes wirkt, zu ertragen." Absage der Wallstein Verlag GmbH

Hiermit bitte ich alle Leserinnen und Leser, Mund-**Werbung** für mein Buch zu machen. (**Propaganda** brauche ich nicht!) Möglichst positive Rückmeldungen an:

Autor_TomasWiefelhaus@web.de
(Ohne Antwort- Garantie)

....

Meinen herzlichen Dank für die freudige Unterstützung an: Gabi, Ulrike und Ulrike, Karin, Friederike, Uwe, Renate Schernus, Sybille Prins, Frau Bitter, Irmgard und Friederike, Irene und andere.

Kleiner Nachtrag

Vieles spricht dafür, Tomas' erlebte Geschichte nicht gleich
– holterdiepolter – in *einem* Buch herauszubringen:

Die Meinung vieler Verleger, *ein solches Thema* verkaufe
sich nicht! (Psst: Das ist schon anderen wichtigen Büchern
passiert und muss nicht unbedingt stimmen!)

Der Umstand, dass der andere Teil dieser Geschichte vermutlich noch persönlicher ist, als der bereits erzählte. (Und
zudem ist er auch umfassender.)

Die Arbeitszeit. Ich finde, ein Buch selbst zu lektorieren
und zu korrigieren, ist zeitraubender, als es zu schreiben.

Und dann **auch der Preis,** der bei BoD fast ausschließlich
von der Seitenzahl abhängig ist.

Die fallenden **Druckkosten** bei BoD machten es nun sinn-
voll, zunächst eine **neue Auflage** des ersten Teiles heraus zu
bringen.

Trotzdem soll es nicht bei diesem einen

Vorläufigen Ende
bleiben …

Ich hoffe, dass die meisten Leserinnen und Leser …
… mit neuem Interesse weiterlesen möchten.

Und ich hoffe, bald:

Nach dem Buch, ist vor dem Buch!

Und die Fortsetzung folgt …

Auf ein neues Wiedersehen!

Bis bald!

Hu, Hu!

Wir freuen uns, Du!

Thomas Wiefelhaus
und Tomas Graben

Jetzt möchte ich allein sein!

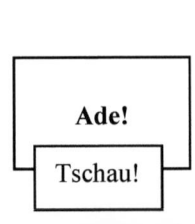

Ade!

Tschau!